KB037201

건물 투자, 입지를 알아야 돈이 보인다

퍼펙트 입지

건물 투자, 입지를 알아야 돈이 보인다

퍼펙트 입지

| 박준연 지음 |

인사이드북스

Prologue.

지금이야말로
건물 투자 적기다!

첫 출간한 책 <건물투자 비밀노트>를 쓴 후 1년여가 지났습니다. 그사이 대한민국 부동산 시장은 변화의 소용돌이에 빠졌습니다. 미국발 금리인상이 불러온 나비효과로 금융 시장과 부동산 시장이 위축되었고, 투자심리가 가라앉았습니다. 다행히 지금은 금융 시장에 자금이 돌면서 안정을 찾아가고 있습니다.

상업용 부동산 시장의 꽃인 '건물 투자'는 장기적 안목으로 접근해야 하는 투자 상품입니다. 1년 사이에 부동산 투자 환경이 많이 변했는데도 건물 부동산 시장은 큰 타격을 입었다고 보기 힘듭니다. 언론은 다르게 말하기도 하지만, 오랜 시간 현장에서 일해 온 제가 체감하는 분위기는 '건물 투자 시장은 별 변화가 없다'입니다.

사실 이는 너무 당연한 이야기입니다. 건물 투자는 단순히 금리 같은 조건 하나로 결정되는 시장이 아닙니다. 실제로 건물 투자는 금리 외에 수많은 조건과 변수가 유기적이고 종합적인 관계를 맺으며 일어납니다. 건물은 아파트 투자와는 차원이 전혀 다른, 복합적인 부동산 투자 상품이기 때문입니다. 다양한 원리와 메커니즘을 알아야 시장 상황과 환경, 조건이 달라져도 불안해하지 않고 우직하게 건물 투자를 할 수 있습니다. 요즘 같은 불확실성 시대에는 더욱더, 반드시 금리 하나에 일희일비하지 않고 건물 시장 전체를 조망하는 안목을 키워야 합니다.

첫 책을 쓸 때 욕심이 많았습니다. 건물 투자 기본기와 관련한 모든 내용을 담아 세상에 내보내고 싶었습니다. 그렇게 얘기하고 싶은 것이 많아 이것저것 담다 보니 전문가 영역으로 들어가버리곤 했습니다. 그러다 문득, 제가 아는 모든 것을 책 한 권에 다 담을 수는 없다는 결론에 이르렀습니다. 욕심을 버리고 대중성을 확보하겠다는 현실 감각을 익힌 후 출간한 책이 <건물투자 비밀노트>입니다. 수박 겉핥기가 될 수 있다는 두려움을 뒤로하고, 독자들이 건물 투자를 할 때 궁금해하는 점을 쉽게 알려주는 것에 포인트를 두었습니다.

<건물투자 비밀노트>가 세상에 나온 뒤 다양한 반응을 접했습니다. 책을 쓴 목적에 부합하는 반응을 접할 때마다 무척 기뻤습니다. 책을 통해 제 생각, 제가 할 수 있는 일의 범위를 세상과 나눌 수 있었던 것입니다. 심지어 제 책을 읽고 건물을 사겠다며 찾아오신 분들도 있었습니다. 지금도 고객과 컨설턴트로 좋은 인연을 맺어가고 있습니다.

<퍼펙트 입지>는 첫 책에서 한 걸음 더 나아갔습니다. <건물투자 비밀노트>가 건물 투자 개론서였다면, 두 번째 책은 건물 투자 본격 실용서입니다. 첫 책이 독자에게 '당신은 왜 건물주가 되지 못할까?'라는 화두를 던졌다면, 이번에는 '기필코 건물주가 되어보자'라고 제안합니다. '어디에 가서 건물을 살 것인가?'는 건물 투자자가 가장 많이 하는 질문입니다. 이 책은 그 질문에 대한 화답이라고 볼 수 있습니다.

<퍼펙트 입지>는 구체적인 건물 투자처를 다루고 있습니다. 서울의 수많은 인기 투자 지역을 들여다보고 적합한 건물 투자처가 어디인지 가려냈습니다. 건물 투자 유망 지역은 다시 블록으로 세분화했고, 각각의 입지 특성과 개발 가능성, 향후 미래 가치 등을 분석하고 방향성을 제시했습니다.

두말할 것 없이, 서울은 최적의 건물 투자처입니다. 특히 용산구와 강동구, 강북 구도심은 향후 건물 투자의 새로운 패러다임을 열어젖힐 곳입니다. 책을 읽다 보면 '입지'란 과연 무엇인지, 상권과 입지는 어떤 관계인지, 미래 가치와 확장성을 어떻게 판단하는지 등 건물 투자를 위한 가장 기본적인 답도 찾을 수 있을 것입니다.

입지는 제가 가장 관심 있고 자신 있는 분야이기도 합니다. 대형 건설사에서 20년 이상 일하면서 수많은 현장을 경험했습니다. 서울의 요지는 물론이고, 미래 가치를 지닌 곳을 찾아다니면서 눈부시게 개발되는 모습을 확인하기도 했습니다. 그 후 건물 투자 전문가로 10여 년을 일해 오며 저만의 노하우를 쌓아왔습니다. 저는 여러분이 이 책을 통해 건물 투자 입지, 상권 분석, 미래 가치 등 다양한 지식과 노하우를 습득해 건물 투자 전문가의 길에 한 발 더 다가갈 수 있기를 희망합니다. 건물 시장은 절대 어설프게 뛰어들 영역이 아닙니다. 많이 아는 만큼 이길 확률은 높아집니다. 제가 이 책에 오직 입지 분석만 담은 이유도 투자자 스스로 전문가가 될 수 있는 발판이 되리라는 믿음 때문입니다.

제가 가진 무형의 자산을 나누는 것으로 독자에게 도움을 드릴 수 있다면 그것만큼 기쁜 일은 없을 것입니다. 여러분을 부자로 만들고 싶다는 제 바람을 담아 이 책을 세상에 내보냅니다. 부디 이 책과 함께 여러분의 앞날에 행운이 가득하길 기원합니다.

정인부동산그룹(주) 대표이사

박준연

CONTENTS.

02 GANGNAM-GU

03 GANGNAM-DAERO

04 YONGSAN·MAPO·SEONGDONG-GU

05 SEOCHO·DONGJAK·GWANAK·YEONGDEUNGPO-GU

06 JONGRO·EUNPYEONG·DONGDAEMUN·NOWON-GU

Intro.

건물 투자는 항상 현재진행형이다

부동산 투자 환경이 요동칠 때는 기본기가 중요하다. 기본이 탄탄하면 분위기에 휩쓸리지 않고 자기만의 투자 철학을 가질 수 있기 때문이다. 본격적인 입지 분석을 하기 전에 먼저 짚고 넘어가야 할 건물 투자 원칙을 알아보자. 입지에 관한 기본 개념을 이해하기 한결 수월할 것이다.

건물 투자의 제1원칙은 꾸준한 수익 창출이다

좋은 상권의 두 가지 필수 조건

건물 투자에서 가장 중요한 원칙은 '꾸준히 수익을 내야 한다'는 것이다. 보유하는 동안 안정적인 임대료 수익이 생겨야 비로소 성공한 건물 투자라고 할 수 있다. 아파트 투자와 다른 것이 바로 이 지점이다. 아파트는 매매를 통한 시세차익으로 수익을 보려는 경향이 강하다. 물론 건물도 시간이 흐르면서 자연스럽게 시세차익이 발생하고 가치가 상승하지만, 본질적으로는 '꾸준한 임대 수익'이 건물 투자의 본질이다. 대부분 이 개념을 직시하지 못해 건물 투자를 시세차익 개념으로만 접근했다가 낭패를 보곤 한다. 처음엔 공실도 없고 땅값 상승률도 좋을 것 같아 건물 투자를 감행했는데 나중에 공실이 생기고 임대료가 떨어진다면? 주변에는 이런 어려움을 겪는 건물주가 생각보다 많다.

이 문제를 해결하려면 상권의 특징을 알아야 한다. 지속적이면서도 안정적인 투자 수익을 내는 건물은 상권이 좋은 곳에 있어야 한다. 상권이 좋은 곳일수록 두 가지 조건을 충족해야 하는데, 첫째, 사람들을 끌어들일 수 있는 매력이 있어야 하며, 둘째, 그 매력을 계속 유지할 힘이 있어야 한다. 대표적인 곳이 강남역 사거리다. 사람들이 1년 365일 끊이지 않고 이곳에 몰리는 이유는 '강남역에 가면 온갖 새로운 트렌드를 보고 듣고 즐길 수 있다'고 믿기 때문이다. 강남역 상권 또한 끊임없이 새롭게 단장하며 첨단 트렌드와 문화를 실시간으로 받아들인다. 늘 새로움을 유지하니 상권이 쇠락하는 일은 벌어지지 않는다. 이 두 가지 요소는 서로 주거니 받거니 하며 지속적이고 견고한 상권을 만드는 원동력이 되어준다.

하지만 이 두 가지 조건을 충족하면서 오랫동안 상권을 유지하기란 생각보다 쉽지 않다. 분명 상권이 좋은 곳이었는데 시간이 지나면서 상권이 흔들리는 경우를 너무 많이 보았다. 조금 과장하면 웬만한 유명 상권은 한 번 이상 시세 조정기를 거친다고 볼 수 있다.

이태원 경리단길 상권을 예로 들어보자. 처음에 하나둘씩 사람들의 입소문을 타더니 어느 순간 서울에서 가장 힙한 성지로 통하게 됐다. 상점과 식당이 계속 늘어갔고, 트렌드를 선도하면서 번성했다. 사람들은 점점 더 많이 몰려들었고, 상권은 계속 확장됐다. 그러자 건물 투자자가 몰려들면서 땅값과 임대료가 치솟았다. 하지만 임대료가 높아지면서 매출 대비 수익이 기대에 미치지 못하자 고통받던 임차인들이 서서히 경리단길을 빠져나가기 시작했다. 분위기가 시들해지자 이곳을 찾는 사람들의 발걸음도 뜸해졌다. 언제 그랬냐는 듯 거리는 한산해졌고, 상권이 쇠락하면서 건물 공실률도 높아졌다. 계속될 줄만 알았던 황금 상권이 순식간에 하락의 길로 접어들었다.

상권은 움직인다

리스크 헤지가 가능한 곳은?

상권은 움직인다. 마치 살아 있는 생명체 같다. 아무리 좋은 상권도 언제든 흔들릴 수 있으며, 흔들렸다가 다시 회복되기도 한다. 상권이 움직인다는 것을 알면 건물 투자가 만만히 보이지 않는다. 언제 어디로 튈지 알 수 없으니 예상할 수 없고, 대처는 더더욱 힘들다. 그래서 '상업지로 가라'고 하는 것이다. 상업지라면 건물 투자의 위험도, 즉 공실과 임대료 하락의 위험을 50% 정도는 헤지할 수 있다.

나라에서는 우리가 밟고 지나가는 모든 땅의 용도를 지정해 놓았다. 집 짓는 땅은 주거지, 소비 행위를 하는 곳은 상업지, 공장 짓는 땅은 공업지, 환경보전이 필요하면 녹지 등으로 구분한다. 3종일반주거지역에서는 용적률 250%까지 건물을 지을 수 있다. 상업지역은 이보다 세 배 높은 800%의 용적률을 적용받는다. 똑같은 크기의 땅에 건물을 짓더라도 주거지역에 비해 3배 더 넓은 연면적을 확보할 수 있는 곳이 상업지다. 연면적이 넓어진다는 것은 그만큼 임대 수익도 높아진다는 얘기다.

나라에서 상업지로 지정했다는 것은 그 지역에 사람이 많이 몰린다는 것을 공식적으로 보증한다는 의미로 읽어야 한다. 오랫동안 사람들이 많이 모여드는 지역, 이런저런 필요 사항을 요구해 기반 시설을 갖춰놓은 곳, 그런 곳이 상업지로 지정된다. 상업지는 늘 기본 수요가 충족되니 경기나 상권의 움직임에 영향을 덜 받는다. 그래서 상업지에 건물을 사면 50% 정도는 리스크 헤지가 가능하다고 말하는 것이다.

자본 증가 속도가 다르다!

서울 시내의 상업지는 어디에, 얼마나 될까? 실제로 찾아보면 생각보다 많지 않다는 것을 확인할 수 있다. 네이버 지도에서 '지적편집도'를 누르면 용도에 따라 색깔이 다르게 표시되는데, 붉은색으로 표시된 곳들이 상업지다.

건물 투자 시 땅의 용도에 맞는 지가 상승률을 이해할 필요가 있다. 상업지역, 준주거지역, 일반주거지역에 따라 땅값 상승률이 다른데, 부동산업계에 따르면 상업지역 지가가 100% 오를 때 준주거지역은 80%, 3종일반주거지역은 50%, 2종일반주거지역은 30~40% 수준으로 오른다. 땅값이 오르는 규모도 차이가 난다. 예를 들어 평(3.3m²)당 2억원짜리 땅이라면 2억 2000만원, 2억 5000만원 단위로 오르지만 평당 4억원짜리는 4억 5000만원, 5억원 수준으로 오른다. 3종일반주거지역의 1억 5000만원 하는 땅이라면 1억 6000만원, 1억 7000만원 수준으로 오른다고 볼 수 있다.

건물을 살 때 2종일반주거지역이나 1종일반주거지역에 투자하지 말라는 이유가 바로 여기 있다. 용도 상향 이슈나 개발 호재가 있지 않은 다음에야 높은 투자 수익을 기대하기 어렵다. 소규모 자본으로 꼬마 건물 투자를 시작하는 이들이 가진 돈에 맞춰

서울시 용도 지역에 따른 건폐율과 용적률

용도 지역		서울시 조례	
구분	세분화	건폐율	용적률
주거 지역	제1종전용주거지역	50%	100%
	제2종전용주거지역	40%	120%
	제1종일반주거지역	60%	150%
	제2종일반주거지역	60%	200%
	제3종일반주거지역	50%	250%
	준주거지역	60%	400%
상업 지역	중심상업지역	60%	1000%(단, 역사도심 800%)
	일반상업지역	60%	800%(단, 역사도심 600%)
	근린상업지역	60%	600%(단, 역사도심 500%)
	유통상업지역	60%	600%(단, 역사도심 500%)
공업 지역	전용공업지역	60%	200%
	일반공업지역	60%	200%
	준공업지역	60%	400%
녹지 지역	보전녹지지역	20%	50%
	생산녹지지역	20%	50%
	자연녹지지역	20%	50%

출처 서울특별시 도시계획 조례

1종일반주거지역이나 2종일반주거지역으로 눈을 돌리는 경우가 있는데, 웬만하면 3종일반주거지역 이상에서 투자처를 찾아볼 것을 권한다. 같은 기간에 자본이 늘어나는 속도와 규모가 다르기 때문이다. 시간 싸움이기는 하지만 같은 시간을 투자할 때 상승률이 높은 지역을 선택하는 것이 이기는 전략이다. 건물 투자는 준주거지역보다는 상업지역, 상업지역 안에서도 대로변에 투자하라는 것이다. 뻔한 말이지만, 중요한 원칙이다.

교통 위에 상권이 있다

교통으로만 건물 투자를 판단해서는 안 되는 이유

아파트에 투자할 때는 교통이 중요한 부분을 차지한다. 서울에서 먼 신도시일수록 지하철이나 GTX가 들어선다는 이슈 하나만으로 아파트값이 수직 상승한다. 사정이 이렇다 보니 부동산 투자 시 교통으로 모든 것을 판단하는 경향이 있다. 하지만 건물에 투자할 때는 이 상식이 항상 통하지는 않는다.

신도시에 지하철이나 GTX가 뚫리면 상권은 오히려 불안정해질 수 있다. 서울 접근이 편리해지면서 거주하는 사람들이 서울 도심으로 이동해 소비생활을 하기 때문이다. 신분당선 개통으로 분당 지역 상권이 흔들린 데는 이런 이유가 숨어 있다. 항아리 상권으로 만족한다면 모를까, 가격이 저렴하다는 이유로 신도시 상권을 쫓아다니며 감행하는 건물 투자는 웬만하면 피할 것을 권한다.

앞서 말했듯이 상권은 사람을 끌어들이는 매력과 유지할 수 있는 힘이 교통 조건에 우선한다. 강남역, 성수역, 건대입구역, 가로수길 등은 교통 여건이 대단히 좋다고 말하기 어려운 곳이다. 지금은 강남역 인근에 지하철 라인이 여럿 들어왔지만, 이는 사람이 워낙 많이 몰려 교통 수요를 분산시키기 위한 후속 작업으로 이해해야 한다. 성수동이나 건대입구, 가로수길 역시 지하철이 있기는 해도 교통 때문에 상권이 번성한 곳은 아니다. 매력적인 상권으로 소문 나면 사람들은 그곳이 어디든 상관하지 않고 몰려든다. 서울처럼 대중교통망이 촘촘히 갖춰진 곳이라면 더더욱 그렇다.

건물 투자 시 교통수단이 필요조건은 되어도 충분조건은 아니라는 것을 염두에 두어야 한다. 교통수단으로 건물 투자의 모든 것을 판단하려는 자세는 경계해야 한다는 뜻이다. 건물 투자에서 가장 중요한 판단 척도로 삼아야 하는 것은 상권이다.

상권을 판단할 때는 트렌드와 재미 등 특징 요소가 그 안에서 계속 만들어지는지가 중요하다. 강남이 흔들리지 않는 상권을 유지할 수 있는 것은 사람의 마음을 사로잡는 매력 요소를 끊임없이 만들어내기 때문이다. 자본가와 연예인, 언론인과 정치인이 강남에 계속 모여드는 것도 매력 유지에 중요한 역할을 한다. 사람들이 오고 싶어 하는 곳, 경험하고 싶어 하는 곳은 건물 투자 매력도가 높은 곳이다. 건물을 살 때에는 내가 살고 싶은 지역 혹은 잘 아는 지역을 선택하는 것이 아니다. 내가 가서 놀고 싶은 지역, 돈 쓰고 싶은 지역, 즉 '워너비 지역'에 투자해야 안전하다.

'사는(live) 곳'과 '사는(buy) 곳'은 다르다

대부분 투자자는 자신이 잘 아는 지역에 투자한다. 강북이나 서남부권에서 건물 투자로 돈을 벌었다면 투자 지역과 가까운 신림동 정도까지 투자 반경을 넓힐 수 있다. 강남으로 가고 싶은 마음이 없는 것은 아니지만 경계심과 두려움이 앞선다. 투자금도 높은 데다 지역 특성을 잘 알지 못하니 섣불리 판단할 수 없다. 컨설턴트가 제아무리 '이곳이 투자 유망 지역이다'라고 권해도 90% 이상의 건물 투자자는 대체로 자신이 사는 인근 지역에서 움직인다.

투자한 건물이 자신이 사는 지역과 멀리 떨어져 있으면 관리가 어렵다는 단점도 있다. 이동이 쉽지 않으니 자주 찾기 힘들고, 자연스럽게 건물 관리에 소홀해진다. 그래서 강남 빌딩 투자는 강남에 사는 투자자가 훨씬 유리하다. 태어나고 자란 곳이니 잘 아는 지역이고, 익숙하고 편하며, 관리하기도 수월하다. 투자 기반부터 다른 셈이다.

그럼에도 불구하고 투자자 중 10%는 자신이 전혀 모르는 지역을 찾아 과감히 베팅한다. 신뢰할 만한 정보라고 판단되면 기꺼이 떠나는 것이다. 돈을 벌고자 하는 절실함이 남다르거나 혹은 투자에 재미를 느끼는 사람들이 이런 성향을 지닌다.

성공한 투자자가 되려면 '사는(live) 곳'과 '사는(buy) 곳'을 구분해야 한다. 그리고 자신이 사는 지역과 상관없이 오를 만한 지역이라고 판단되면 과감히 투자할 수 있어야 한다.

건축 비용은 계속 오를 수밖에 없다

신축 vs. 리모델링

코로나19와 러시아-우크라이나 전쟁을 겪으며 건축 환경이 급변했다. 최근 몇 년간 급격한 인플레이션으로 건축 자재비가 거의 두 배 가까이 올랐는데, 1톤당 80만원이던 철근 가격이 130만원에 거래되는 일도 벌어졌다. 인건비 비중은 더욱 확대되고 있다. 코로나19로 외국인 건설 노동자가 들어오기 힘든 상황이 되면서 인력 수급에 차질이 생겼고, 대부분 50대 이상의 국내 건설 노동자가 현장에 투입되면서 근로자 부족 현상이 빚어졌다. 인건비 상승은 자재비 못지않게 건축 비용에서 큰 비중을 차지한다.

자재비와 인건비 등 건축비가 단시간에 급격히 오르면 건물 투자가 어려워지는 것이 사실이다. 낡고 노후한 건물을 매입해 부순 후 새 건물을 지어 수익률을 높여야 하는데, 이 방법을 활용하기 힘들어지기 때문이다.

하지만 좀 더 객관적으로 건축 시장 상황을 이해할 필요가 있다. 매년 물가가 오르듯, 건축비도 그에 비례해 상승하는 것이 경제 논리상 맞다. 인플레이션이라는 특수한 상황으로 단기간에 자

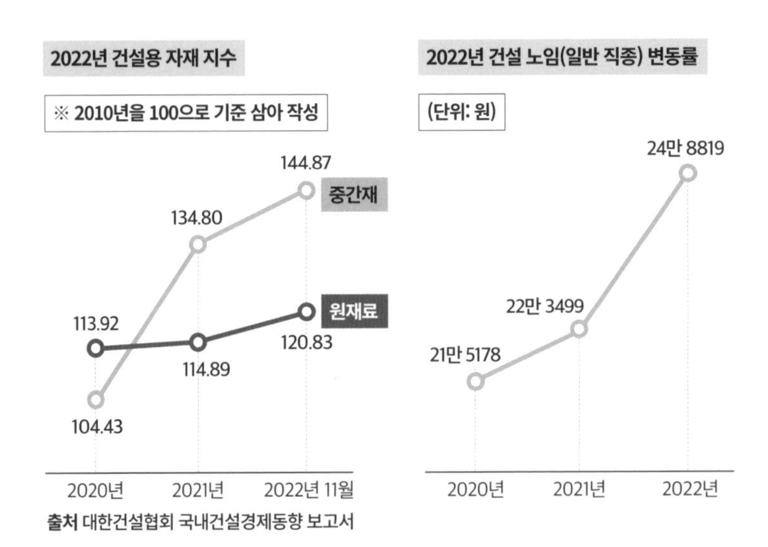

출처 대한건설협회 국내건설경제동향 보고서

재비가 폭등한 2020~2022년은 예외적으로 봐야 한다. 건축비는 일반적으로 1년에 5~10%씩 지속적으로 상승한다.

또 한국이 선진국 대열에 합류하면서 산업이 고도화되고 있는데, 건축 시장도 마찬가지다. 선진국이 될수록 분야를 막론하고 인건비 비중이 높아지는 것은 자연스러운 수순이며, 건축과 관련한 각종 비용이 효율성 제고를 위해 인상되는 것이 당연하다. 건물주라면 향후 건축비가 물가상승률에 비례해 지속적으로 상승한다는 사실을 받아들여야 한다.

매년 오르는 건축비가 부담스럽다면 리모델링하는 것도 방법이다. 신축 건물은 매입 비용이 비싸니 구축 건물을 사서 리모델링한 뒤 새 건물처럼 단장하면 투자 비용은 절약하면서 임대료는 높일 수 있다. 소비자들의 신축 선호 현상은 갈수록 뚜렷해지고 있다. 특히 오피스 시장에서 임대 수요가 날로 높아지면서 구축 건물과 신축 건물의 임대료 차이가 극명하게 벌어지고 있는데, 적게는 20%에서 많게는 배 이상 차이가 나는 경우도 있다. 기업 입장에서는 월세가 1000만원에서 1200만원으로 오른다고 해도 그리 큰 부담이 아니다. 하지만 건물주에게는 임대료 수입이 20% 상승하는 것이다. 임대 수익 20% 상승은 건물 가격에 어마어마한 차이를 발생시킨다.

위기가 곧 기회다

건물 공급 부족, 임대료 상승, 건물 가격 상승의 연결 고리를 이해하라

금리가 높아지면 건물 투자 시장이 위축된다고 해석하는 이가 있는데, 꼭 그렇지는 않다. 실제로 금리가 급상승한 2022년 한 해 서울 시내 건물 가격은 하락하지 않았다. 같은 시기 서울 시내 아파트 가격이 급락한 것과 양상이 달랐다.

건물주는 어느 정도 경제적 여력을 지닌 경우가 대부분이다. 아파트 투자처럼 '영끌족'이 쉽게 들어올 수 없는 시장이다 보니 웬만한 경기변동에는 대처할 기본기를 갖추고 있다. 또 건물주에게는 매월 임대 수익이 발생하므로 은행 이자에 대한 부담이 덜하다. 이런 다양한 상황을 고려하면 건물주가 자기 건물을 낮은 가격에 내놓을 이유가 별로 없는 것이다. 실제로 강남의 건물은 현재 매물이 나와도 매매가는 거의 떨어지지 않고 있다.

중요한 것은 따로 있다. 바로 건물 임대료 상승이다. 수요는 많은데 공급이 부족해 임대료가 계속 오르고 있다. 이는 수치로도 증명되는데, 부동산 펀드에 투자하는 상품의 경우 최대 수익률이 20%에 육박하는 것도 있다. 강남의 인기 지역 사무실 임대료 상승률은 20~30%가 넘으며, 테헤란로에는 공실이 거의 없다.

신축 건물과 구축 건물의 임대료 차이도 두 배 가까이 벌어지고 있다. 고급 신축 오피스일수록 찾는 사람이 많다는 얘기다.

부동산 펀드 수익률

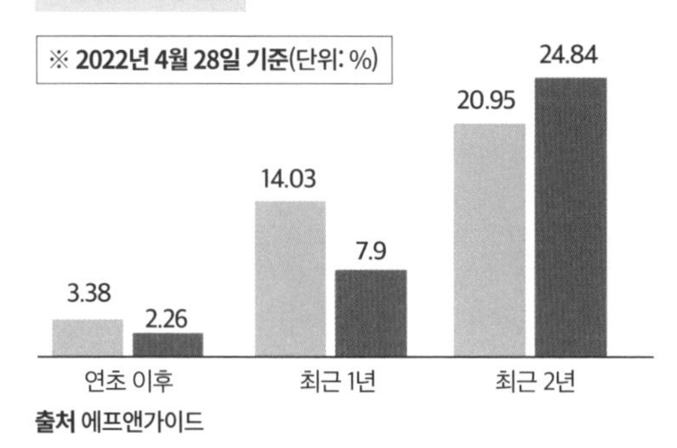

출처 에프앤가이드

'수익률 1위' 부동산 펀드

※ **2022년 4월 28일 최근 1년 수익률 기준**(단위: %)

구분	펀드	수익률
국내 리츠	미래에셋TIGER리츠부동산인프라	19.60
국내 임대	이지스리테일부동산투자신탁287호	10.36
대출 채권	KB와이즈스타부도안투자신탁제1호	5.72
해외 리츠	삼성누버거버먼미국리츠부동산	30.93

출처 한국예탁결제원 증권정보포털

건물 수가 줄고 있다는 것도 문제다. 값비싼 도심의 상업지 땅일수록 일반 건물이 사라지고 있다. 상가나 사무실 등 상업 시설로 사용하던 기존 건물이 있던 자리에 들어서는 건 오피스텔, 도시형 생활주택 등 대부분 사람이 숙식을 하는 주거 시설이다. 아파트값이 비싸니 상대적으로 접근 가능한 오피스텔 수요가 많고, 건설사 입장에서도 주거용으로 지어 분양하면 수익도 극대화할 수 있으니 기존 건물을 사들여 오피스텔로 바꾸는 것이다.

기존 건물은 계속 사라지는데 이를 대체할 만한 곳을 찾기도 쉽지 않다. 주거지라면 경기도나 외곽에 신도시를 만들어 수요를 충족시킨다지만 상업지는 그렇게 뚝딱 만들어낼 수 없다. 테헤란로 같은 상업지를 대체 어디에 만들 수 있을까? 이를 해결하려면 3종일반주거지역을 준주거지역이나 상업지역으로 용도변경을 해야 하는데, 이런 일은 거의 일어나지 않는다. 결국 건물 부족 상황은 앞으로도 계속될 것이다. 건물이 부족하니 임대료는 계속 상승하고, 임대료가 상승하면 건물 가격 역시 올라간다.

건물 공급 부족, 임대료 상승, 건물 가격 상승이라는 연결고리를 이해한다면 왜 지금이 건물 투자 적기인지 알 수 있다. 2022년 급등한 대출금리도 2023년 들어 조금씩 낮아지고 있으며, 금융권의 자금 경색도 풀리면서 자금 시장도 점차 안정을 되찾고 있다. 건물 투자에 관심 있는 투자자라면 지금부터 다가올 기회에 올라타야 한다.

그 기회를 잡기 위해 필수적으로 알아야 하는 것이 입지 분석이다. 어느 곳으로 가야 안정적인 건물 투자가 가능할지를 알아야 한다.

핵심 블록 01

눈부신 변화 기대되는 천호역 사거리

핵심 블록 02

의료 메카로 부상한 강동역~길동역

핵심 블록 03

무궁무진한 확장성! 길동역~굽은다리역

핵심 블록 04

한강 조망과 녹지가 포인트 천호역~암사역

01 CHAPTER

지금 이곳을 눈여겨 봐야 하는 이유

강동구

01

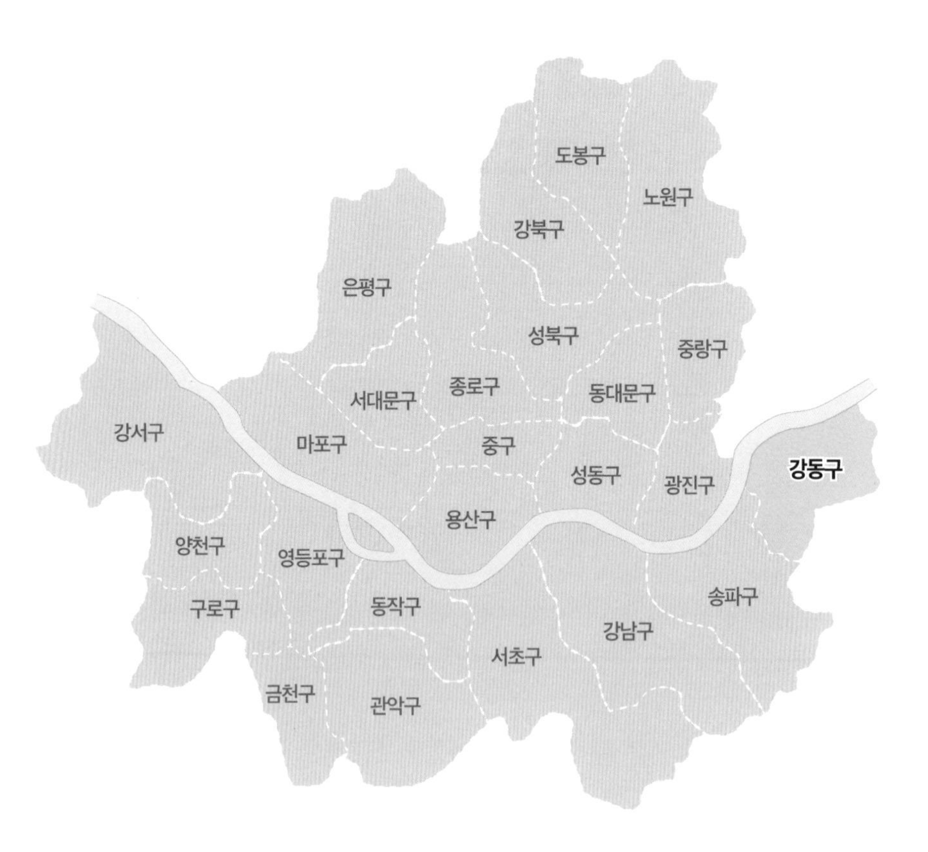
도봉구
노원구
강북구
은평구
성북구
중랑구
종로구
서대문구
동대문구
강서구
마포구
중구
성동구
광진구
강동구
용산구
양천구
영등포구
구로구
동작구
송파구
강남구
서초구
금천구
관악구

About Location.

강동구

GANGDONG-GU

우리나라 제2의 성장 동력이 될 세종포천고속도로가 강동구 고덕동을 관통한다. 지하철은 4개 노선이 들어와 강동구를 에워쌀 예정이다. 사통팔달 교통망을 갖추고 주변 위성도시를 흡수해 서울의 중심부로 도약할 강동구의 미래 가치.

강동구의 성장 동력은 어디서 나올까?

강동구는 서울 동쪽의 맨 끝자락에 위치해 있다. 한때 강남의 만성적 주택 부족 수요를 받아주는 베드타운이었지만 지금은 강남구, 서초구, 송파구와 함께 '강남 4구'로 불리며 범강남권으로 분류된다. 강동구가 언제, 어떤 이유로 강남권에 편입되었는지를 살피면 강동구의 미래 가치를 확인할 수 있을 것이다.

이명박 정부 당시 '제2경부고속도로'가 추진되었으나 처음 계획과 달리 온전히 실행에 옮겨지지는 못했다. 후보 시절 대통령 공약이었고, 취임 후 본격 궤도에 오르는가 싶었는데 지역 균형 발전 등을 내세운 반대론에 부딪혔기 때문이다. 그러다 박근혜 정부에 들어 '세종포천고속도로'로 명칭이 바뀌면서 급물살을 타기 시작했다.

강동구 고덕동을 지나는 세종포천고속도로

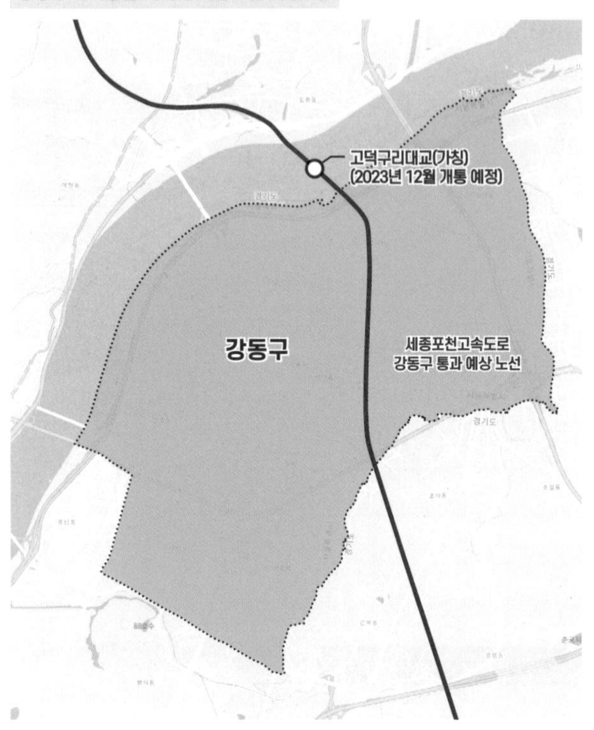

초기 계획에 비하면 규모가 대폭 축소되었으나 그 영향력은 막강했다. 제2경부고속도로가 될 뻔했던 세종포천고속도로의 서울 시작점이 바로 강동구 고덕동이다.

고속도로의 발전은 대한민국 경제발전과 궤를 같이한다. 1968년 착공해 1970년 완공된 경부고속도로의 등장으로 한국 경제가 비약적으로 발전한 사실을 떠올려보면 된다. 도로는 한 나라의 물류와 유통을 담당하는 필수 요소다. 그렇게 고도 성장을 기록해 온 한국 경제는 기존 물류와 교통망으로는 감당하기 힘들만큼 규모가 커졌다. 이 문제를 해결하기 위해 세종포천고속도로가 등장했다. 미래 학자들은 드론이나 모빌리티 도시 등 미래 첨단 인프라 시설의 필요성을 얘기하고 있지만 현실화까지는 많은 시간이 걸릴 것이기에 앞으로 20~30년 동안은 현재의 물류 체계가 필요하다.

강남을 관통하는 경부고속도로를 떠올려보자. 압구정, 잠원, 신사, 강남역, 서초, 양재에 이르기까지 강남 개발과 부흥의 중심지였던 곳은 대부분 경부고속도로의 최단 거리 안에 있다. 이는 강남 흥행의 시작이 경부고속도로라고 해도 과언이 아닐 정도다. 세종포천고속도로는 어떨까? 지도를 보면 강동구 고덕동에서 시작해 천호, 강동, 길동 사거리 등 강동구 핵심 지역이 전부 세종포천고속도로의 영향권 아래 놓여 있다. 미래의 물류 체계를 담당할 핵심 도로의 서울 시작점이 강동구가 되면 그 영향력은 막강해질 것이다.

육상, 지하를 아우르는 촘촘한 교통망

정부가 세종포천고속도로를 처음 설계할 때 내세운 구상안은 '포화 상태에 이른 서울의 도로망을 확충해 새로운 성장 동력을 만든다'이다. 새로운 성장 동력은 이 고속도로만이 아니다. 육상 교통망 못지않게 촘촘히 깔리는 지하철 노선을 통해서도 강동구의 미래를 읽을 수 있다.

대중교통 수단의 꽃이라 불리는 지하철이 강동구에만 최소 4개 노선이 들어왔거나 들어올 예정이다. 현재 천호역을 지나 암사역까지 운행되는 지하철 8호선은 2024년 별내까지 연장된다. 2021년 하남까지 연결된 지하철 5호선은 현재 직결 노선을 추진 중이며, 9호선은 중앙보훈병원을 지나 고덕강일지구 등 강동구의 핵심

강동구 예상 지하철 노선도

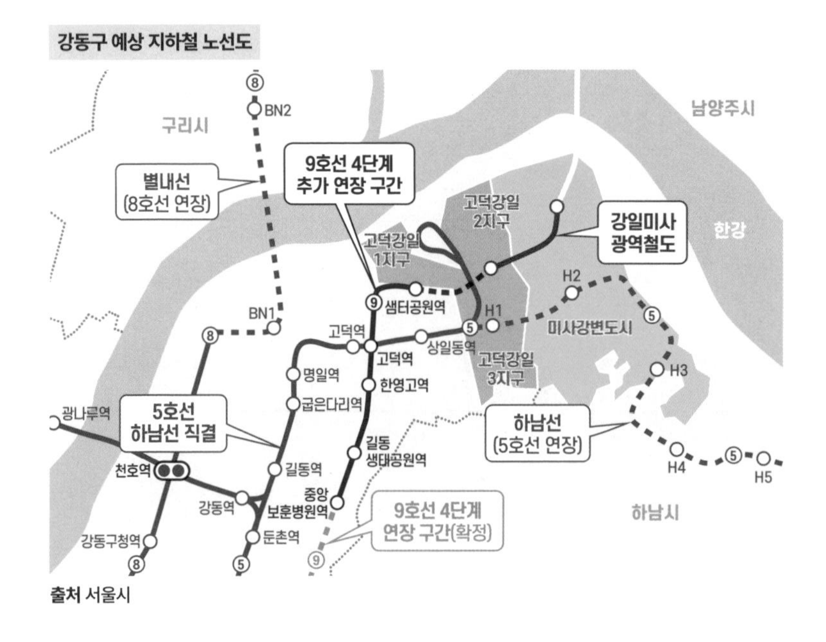

출처 서울시

부를 관통할 예정으로 2028년 완공을 목표로 하고 있다. 강동구에서 9호선을 이용하면 강남권은 15분, 5호선을 이용하면 광화문과 종로까지 20~30분이면 닿는다. 8호선을 이용하면 송파를 거쳐 분당까지 한 번에 이동할 수 있다. 또한 강동구는 위례신사선 개통의 수혜 지역인 동시에 강일미사광역철도의 직접적 영향권 아래에 놓인다.

이런 강동구와 비슷한 지역은 강남권이 유일하다. 강남 대부분이 걸어서 10분이면 웬만한 지하철역에 닿는다. 강동구 역시 각 블록별로 지하철이 들어오면서 강남 못지않은 지하철 노선을 갖게 된다. 심지어 강동구는 강남구에 비해 면적이 좁다. 땅은 좁은데 노선은 많으니 강남에 비해 더 촘촘한 교통망을 갖추게 되는 것이다.

육상 교통망인 세종포천고속도로(2024~2025년 완공 목표)는 외곽순환도로, 중부고속도로 등과 연결되어 남북을 관통한다. 지하철 5·8·9호선과 위례신사선 등은 강동구와 위성 지역을 커버할 것이다. 이처럼 편리한 교통망을 통해 강동구가 얻는 수혜는 어느 정도일지 헤아려보자.

핵심 거점 지역의 연결, 그 중심은 강동구

정부가 공식 발표하지는 않았지만 세종포천고속도로 개통 시점에 맞춰 하남의 교산신도시, 하남감일지구 등 지구단위계획 도시가 속속 탄생했다. 한강 위쪽으로는 고덕구리대교(가칭, 2023년 개통 예정)를 통해 남양주, 별내, 진접, 왕숙, 다산 신도시까지 연결된다.

왕숙, 진접 등 신도시 계획이 처음 발표되었을 때 '거기가 어디야?'라고 묻는 사람이 많았다. 왜 하필 그런 곳에 신도시를 만드느냐고 의아해하던 사람들이 세종포천고속도로가 외곽순환고속도로와 연결되자 비로소 큰 그림을 보게 되었다. 강동구는 이제 한강 북쪽으로는 구리, 남양주, 왕숙, 포천을 아우르는 동시에 한강 남쪽으로 하남, 성남, 광주 등을 위성도시로 거느리는 것이다.

위성도시들이 연결되면서 기업 이주도 탄력을 받고 있다. 도시가 발전하려면 주거지 조성만으로는 불가능하다. 먹고살 수 있는 '일터'가 필요한데, 많은 기업이 강동구와 그 인근에 자리 잡고 있다. 이미 삼성엔지니어링, 삼성물산, 세스코, 세종텔레콤, 한국종합기술 등 대기업이 이전해 왔으며, 상일동에는 글로벌 가구 공룡 기업 이케아가 문을 연다. 강동구는 자족도시를 만들기 위해 '고덕비즈밸리', '첨단업무단지', '엔지니어링복합단지' 등을 지정했다. 직주근접이 가능한 서울의 경제 산업 단지 메카로 등장하는 것이다.

2025년이면 기업들의 입주가 마무리되는데, 이때의 강동구를 그려보면 그 모습이 대단하다. 강남 4구 중 성장 동력이 가장 풍부하고 발전 속도가 빠른 만큼 강남 부럽지 않은 도시로 성장할 것이

핵심 거점 지역을 연결하는 중심 지역인 강동구

출처 서울연구데이터서비스

위치	고덕동 345 일원(고덕강일공공주택지구)
면적	23만 4523m^2
사업기간	2013~2024년
유치시설	유통·판매시설, 업무시설, 연구시설, 공공청사(강동세무서, 산림청), 상업시설 등
추진방법	기업 유치(강동구) →용지 공급(서울주택도시공사) →개발(민간 기업)
파급효과	경제 유발 효과 9조 5000억원 (직·간접적) 고용 창출 효과 3만 8000명

고덕비즈벨리

강일IC
암사IC
고덕역
상일동역
5호선
한강
암사역
명일역
상일IC
8호선
굽은다리역
첨단업무단지
천호역
길동역
강동역
둔촌동역

강동일반산업단지
(엔지니어링 복합단지)

위치	상일동 404 일원(상일IC 주변)
면적	7만 8136m^2
사업기간	2011~2025년
유치시설	엔지니어링 중소기업(200여 개, 1만 6000여 명), 엔지니어링플랜트기술센터, 해외진출센터 등)
개발방식	일반산업단지, 엔지니어링복합단지 조성, 공영개발
파급효과	경제 유발 효과 1조 5000억원 고용 유발 효과 3만 6700여 명

위치	상일로6길 일원(강일2지구 택지개발사업지구 내)
면적	4만 8299m^2
사업기간	2005~2015년(조성완료)
유치업종	첨단산업, 지식기반산업, 엔지니어링산업, 소프트웨어산업 등
입주기업	삼성엔지니어링, 삼성물산, 한국종합기술, 세스코, 세종텔레콤, 나이스평가정보, 디엠엔지니어링 등
파급효과	경제 유발 효과 10조 9000억원 고용 유발 효과 6만 2000명

출처 강동구

다. 완성되기 전에 만들어질 것, 그 이후에 벌어질 일을 미리 상상하면서 투자하는 것, 이게 바로 투자의 핵심이다.

TIP

포천의 가능성

서울-세종 간 고속도로가 포천까지 연결되면서 광진구 위쪽의 중랑구와 노원구, 도봉구를 커버하는 물류 센터의 위치도 가늠해 볼 수 있다. 현재 강남을 커버하는 물류 센터는 송파구 장지동에 있다. 지금은 땅값 비싼 서울시 안에 거대한 규모로 물류 센터를 짓기가 쉽지 않다. 하지만 고속도로로 연결된다면? 서울을 벗어나도 서울권 물류 센터를 짓는 것이 얼마든지 가능하다. 강북권 인구 밀집 지역인 중랑, 노원, 도봉구를 커버하는 물류 센터가 필요하다면 고속도로 연결을 통해 쉽고 빠르게 접근할 수 있는 포천을 떠올릴 수 있다. 그리고 이 물류의 서울 거점은 인구가 가장 많이 몰리는 강동구 천호동이 될 것이라는 기대가 가능하다.

핵심 블록 탐구 01

옛날 천호동은 잊어라!

눈부신 변화 기대되는 천호역 사거리

재정비촉진지구를 포함하고 있는 천호역 사거리는 강동구뿐 아니라 위쪽 광진구와 인근 위성도시에서 사람들이 몰려드는 강동구 최고의 거점 지역이다. 먹거리, 볼거리, 살 거리, 놀 거리가 많아 늘 사람이 붐비고 상권이 활성화되어 있다. 하지만 자세히 들여다보면 죽은 상권도 있다. 특징이 분명하게 갈리는 천호역 사거리를 네 블록으로 나눠 자세하게 살펴보자.

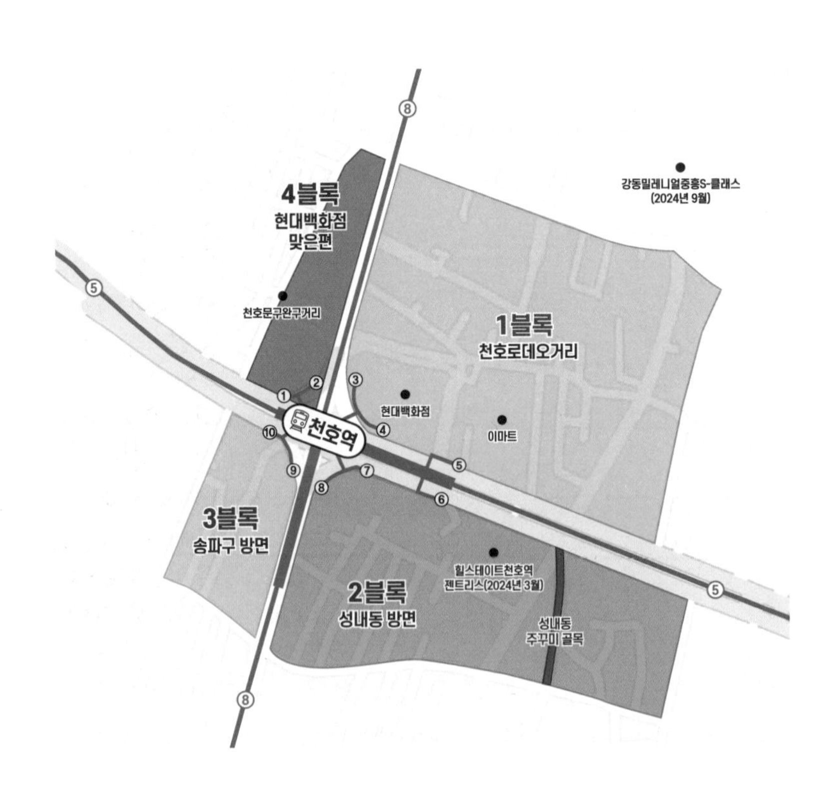

천호동은 1980~1990년대 집창촌이 번성했던 곳이다. 하지만 그 옛날 천호동은 지금 완전히 사라지고 없다. 천지개벽, 상전벽해라는 말이 어울릴 정도로 탈바꿈하고 있으며, 얼마 안 있으면 초고층 건물과 녹지가 어우러진 쾌적한 천호동을 만날 수 있게 된다.

천호역에서 강동역으로 걷다 보면 다양한 개발 현장을 목격할 수 있다. 천호대로 변에는 현대엔지니어링이 짓고 있는 45층 규모의 '힐스테이트천호역젠트리스' 공사가 한창이다. 이 건물은 2024년 공사가 마무리될 예정이다. 또 인근에는 원건설이 지은 44층 규모의 주상복합건물 '힐데스하임천호'가 완공되어 입주를 마쳤다. 건너편에는 강동구 대장주로 꼽히는 '강동래미안팰리스'가 이미 들어서 있다. 재개발이 한창인 천호·성내재정비촉진지구는 몇 년 안에 아파트와 오피스텔, 판매 업무 시설이 복합된 고층 주상복합 시설로 변모할 예정이다. 천호대로 변에 초고층 건물이 들어서면서 주변으로는 공원 등 풍부한 녹지 시설이 만들어진다. 이렇게 도시가 새로 조성되면 거리 환경과 미관이 완전히 바뀌는데, 서울에서 이런 재개발 지역을 찾기는 쉽지 않다.

천호동 재개발이 빠르게 진행될 수 있었던 이유 중 하나로 넓은 상업지역을 꼽는다. 천호역 사거리 대부분은 상업지구로 지정되어 있다. 이 지역이 모두 재정비촉진지구로 묶이면서 재개발 시류에 재빨리 올라탈 수 있었다.

천호·성내재정비촉진지구 내 천호 1블록은 전통시장이 있던 자리로, 개발이 끝나면 주거 시설과 공원으로 조성된다. 복잡하고 지저분했던 천호 2블록 역시 아파트 등 고층 건물과 공원 등으로 바뀐다. 오래된 서울의 구도심 지역인 이곳이 재개발을 통해 완벽히 바뀌면서 강남과는 또 다른 새로운 유행의 거점이 탄생할 수 있다.

재정비촉진지구를 포함하고 있는 천호역 사거리는 강동구뿐 아니라 위쪽 광진구와 인근 위성도시에서 사람들이 몰려드는 강동구 최고의 거점 지역이다. 먹거리, 볼거리, 살 거리, 놀 거리가 많아 늘 사람이 붐비고 상권이 활성화되어 있다. 하지만 자세히 들여다보면 죽은 상권도 있다. 특징이 분명하게 갈리는 천호역 사거리를 네 블록으로 나눠 자세하게 살펴보자.

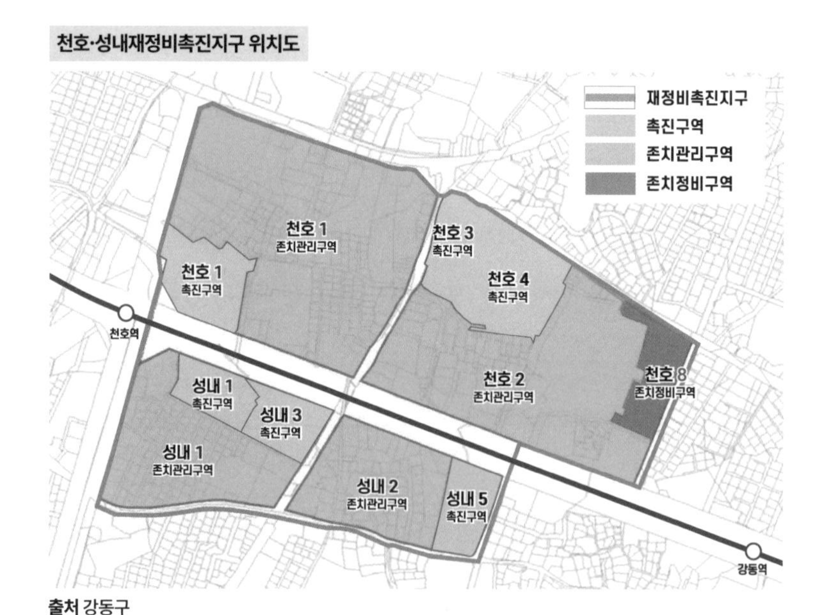

천호·성내재정비촉진지구 위치도

출처 강동구

1블록 천호로데오거리

천호역 사거리에서 최고 투자 지역이다. 강동 지역의 투자 핫 플레이스 대부분이 이곳에 모여 있으며, 개발 호재가 많고 중심 상권이 형성되어 있어 투자 관련 얘깃거리가 많다.

가장 먼저 눈여겨봐야 할 곳은 현대백화점 천호점과 이마트 뒤쪽 상권이다. 한때 집창촌이 번성했던 곳이지만 지금은 천호로데오거리로 불리며 전성기를 맞고 있다. 천호로데오거리는 천호시장과 연결되면서 1년 365일 24시간 상권을 만들어낸다. 대로변에는 고층 건물과 플래그십 스토어가 줄지어 있으며, 이면 도로에는 음식점, 술집, 나이트클럽, 노래방, 상점 등이 빼곡하다. 하루 종일 사람이 모여들며, 주말에는 발 디딜 틈 없이 복잡하다. 문 닫는 시간 없이 365일 운영되니 상가 수익률이 높은 것은 당연하다. 수익률이 높아지면 임대료도 올라간다.

집창촌 시절 모텔은 대부분 오피스텔 건물로 탈바꿈해 1인 가구가 많이 유입됐다. 천호시장 뒤쪽으로는 1000세대 가까운 강동밀레니얼중흥S-클래스가 입주를 앞두고 있다. 원래도 주거 시설과 먹자골목이 혼재된 상권인데 대단지 오피스텔과 아파트가 들어서면 상권은 더욱 활성화될 것이다. 상권 퀄리티의 업그레이드도 기대할 수 있다. 고급 아파트가 들어서면 소득 수준이 높은 사람들이 늘어나면서 소비 규모도 커진다. 인근 상점이 비싼 물건을 파는 고급 매장으로 탈바꿈할 수 있다는 뜻이다. 현재 천호역 인근 상점들의 객단가는 서울 시내치고는 상당히 저렴한 편으로, 개발이 완료되면 객단가 상승도 기대된다.

이곳은 강남역 교보문고 뒤편과 흡사하다. 강남대로 변은 고층 건물과 플래그십 스토어가 가득하며, 이면은 2·3층 규모의 작은 건물에 식당, 카페, 포차, 클럽, 상점 등이 꽉 차 있다. 주변에는 반포자이 등 대규모 주거 시설이 포진해 있다. 강남대로 변은 대한민국에서 대표적인 365일 24시간 상권으로, 현재 가장 비싼 땅값을 자랑하는 곳이다. 이쯤에서 눈치 빠른 사람이라면 천호역 사거리 1블록의 투자 매력도가 어느 정도인지 가늠했을 것이다.

그런데 개인이 투자할 건물이 많지 않다는 것이 문제다. 요지에는 대형 고층 건물과 오피스텔이 대부분 자리를 차지하고 있으며, 개인이 투자할 만한 건물은 100동 남짓한 수준이다. 건물 규모

천호로데오거리

도 30~40평 수준이라 단독 개발이 쉽지 않다. 투자 수익을 높이려면 건물을 두 채 이상 묶어서 사야 한다는 말인데, 이렇게 개발되기 시작하면 시간이 흐를수록 투자 가능한 건물 개수는 더욱 줄어들게 된다.

상권이 워낙 좋기 때문에 투자하려는 사람이 몰려들지만 앞서 언급했듯이 매물은 많지 않다. 어쩌다 한두 채 나오면 부르는 게 값이다. 현재 평당 2억원을 호가하는데, 이는 강남 평균 땅값과 맞먹는 수준이다. 게다가 대규모 자본이 들어오기 시작하면 개인이 살 수 있는 건물의 수는 더 줄어들 텐데, 중요한 건 이 상승세가 언제 그칠지 모른다는 것이다.

이곳에 있는 가수 Y씨 가족 소유의 건물이 얼마 전 매물로 나와 화제가 되었다. 가격 조정에 난항을 겪고 있다는 소문인데, 언제 손바뀜이 일어날지는 알 수 없다. 이곳은 매물이 등장하는 순간 투자자의 타깃이 될 정도로 유망한 지역이다.

2블록 성내동 방면

천호역 투자 핫 플레이스인 1블록과 마주 보고 있으나 상권 형성이 쉽지 않아 보인다. 대로변으로 역세권 청년임대주택이 들어설 예정이며, 거리에 유동 인구가 별로 없다. 먹고 놀 만한 장소가 마땅치 않고 사람들이 거쳐 지나가는 길목으로 이용된다. 1블록에 비해 상대적으로 건물 가격이 낮아 관심을 갖는 투자자도 있지만 이곳의 임대료는 길 건너 1블록의 절반 수준으로, 건물 투자를 하기에 매력적인 곳은 아니다. 이는 유동 인구가 그만큼 적다는 것을 의미한다. 건물 투자로 돈 벌기를 원한다면 작고 낡은 건물이라고 해도 1블록에 투자하는 것이 바람직하다. 임대료뿐 아니라 땅값 상승에 대한 기대감도 1블록이 훨씬 크다.

이곳에서 예외로 봐야 할 곳이 있다. 바로 성내동 주꾸미 골목과 그 주변이다. 천호로데오거리가 계속 확장하면서 뻗어 나갈 곳이 마땅치 않자 이곳까지 밀고 들어오는 형국이다. 지금은 현대엔지니어링의 힐스테이트천호역젠트리스 공사가 한창이라 주꾸미 골목의 상권이 죽었지만, 건물이 완공되고 입주가 완료되면 다시 살아날 가능성이 높다.

주목해야 할 것이 이곳 분위기가 천호로데오거리와는 사뭇 다르다는 점이다. 천호로데오거리가 복잡한 먹자골목의 모습을 하고 있다면, 이곳은 트렌디하고 세련된 분위기가 조성되고 있다. 객단가도 높은 편이다. 좀 더 아래쪽으로는 젊은 여성들이 좋아할 만한 고급스러운 빵집, 카페, 세련된 식당과 아기자기한 공방 등이 문을 열고 있다. 밤에 가보면 환한 조명이 길을 예쁘게 비추고 있어 마치 북촌 같은 분위기를 풍긴다.

3블록 송파구 방면

지하철 9·10번 출구로 나오면 눈에 바로 들어오는 광고판을 제외하고 상권이 거의 없다. 천호역 사거리로 사람들이 많이 모여든다 해도 이 블록은 거주민이 주로 이용하는 곳이지 외부 인구가 들어와 소비하는 구역이 아니다. 풍납토성 때문에 개발이 제한적이라는 것도 문제다. 사람들이 유입되지 않으면 상권이 형성되기 어렵다. 단지 사옥 등 업무용으로 사용할 목적이라면 건물을 매입해도 괜찮다. 하지만 수익성을 노리는 건물 투자처로는 그리 추천하지 않는다.

4블록 현대백화점 맞은편

천호역 사거리의 네 블록 가운데 투자 순위 세 번째에 해당한다. 투자 매력이 그리 높지 않다는 말인데, 예외가 한 군데 있다. 현대백화점 천호점을 마주하고 있는 대로변의 건물 투자라면 1블록과 맞먹는다. 현대백화점 맞은편이라 소비 인구가 많이 유입되는 데다 지형적 영향도 있는데, 지하철 출입구 위치가 사람들의 시선을 가리지 않아 유리하다. 천호역 다른 지하철 출입구는 건물과 상점의 간판을 가려 지하철 출구에서 나온 사람들이 지나쳐 가기 쉽다. 하지만 이 구역의 지하철 2번 출구는 도로 가장자리에 설치되어 있어 사람들이 지상으로 나오면서 상권을 쉽게 인식할 수 있다는 것이다. 사람들의 시야를 바로 확보할 수 있기 때문에 대로변에 식당, 병원, 커피숍 등 다양한 상점이 들어와 있다.

하지만 대로변 뒤쪽 이면 도로는 상권이 활성화되지 않아 투자에 주의가 필요하다. 이곳은 천호문구완구거리로 지정되어 있으나 사람들의 발길이 뜸하다. 천호문구완구거리 입구가 한강으로 빠져나가는 도로변 쪽에 위치해 있는데, 교통 흐름상 차량이 진입하기

천호역 2번 출구 앞 대로변

에 적당하지 않다. 이처럼 사람들이 거쳐서 빠져나가는 길은 소비 인구가 유입되기 어렵다. 문구나 완구를 사기 위해 이곳까지 오기보다는 천호역 남쪽 방향에 있는 이마트로 진입할 확률이 높다. 이런 상황을 두고 '000가 상권을 끊어먹는다'라고 표현하는데, 이마트가 바로 그런 역할을 한다. 차라리 암사역 도로 쪽으로 천호문구완구거리 입구가 있었다면 상권 활성화에 도움이 되지 않았을까 추측해 본다.

핵심 블록 탐구 02

양옆으로 조성된 병원 거리

의료 메카로 부상한 강동역~길동역

강동역과 길동역 사이에 병원 거리가 조성되면서 K-뷰티 관련 병원의 수요는 꾸준히 늘고 있는데, 매물이 없다 보니 병원 거리가 조금씩 확장되는 모습이다. 그런가 하면 강동성심병원 뒤편의 먹자골목은 원스톱으로 유흥을 즐길 수 있어 젊은 소비층이 몰려들면서 365일 24시간 돌아가는 핵심 상권으로 꼽힌다.

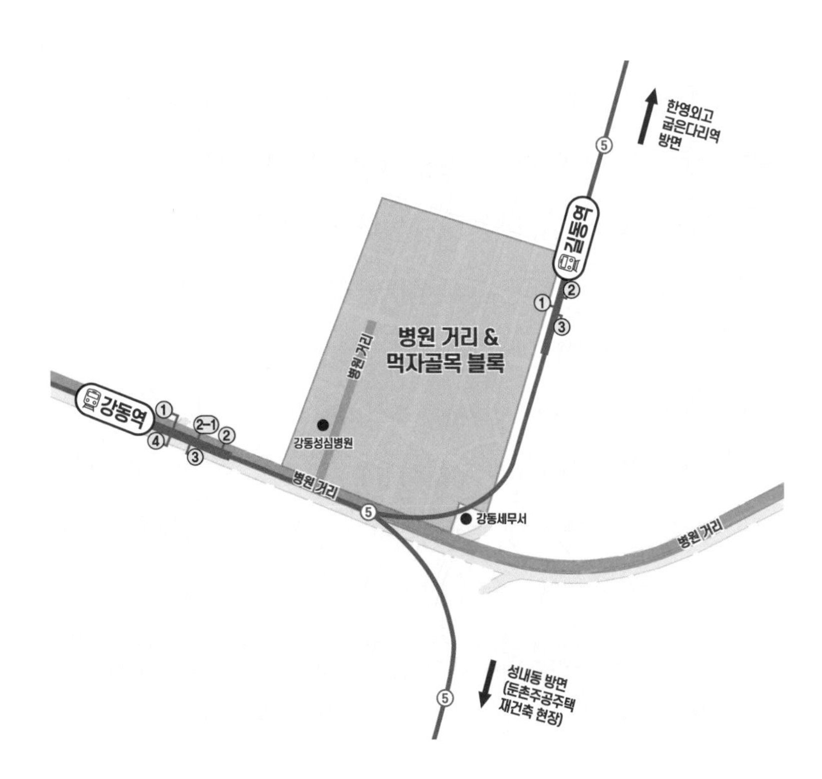

강동구는 면적은 좁은데 인구밀도는 높다. 좁은 땅에 주거 시설이 빽빽하게 모여 있으니 같은 면적이라도 움직이는 사람의 수는 더 많다. 이는 상권이 활성화되기에 가장 좋은 조건 중 하나다. 강동구에서 가장 사람이 많이 몰리는 곳은 천호역 사거리이고, 그다음으로 꼽히는 곳이 강동역과 길동역 사이 블록이다. 길동역 위쪽 한영외고 가는 방향으로는 고덕주공아파트를 비롯해 아파트 단지가 촘촘하다. 이렇게 주거 시설이 탄탄하게 받쳐주고 있으니 자연스럽게 상권이 활성화될 수밖에 없다.

강동역 인근 개발은 이미 마무리 단계에 들어섰다. 래미안강동팰리스, 강동역신동아파밀리에 등이 입주했고, 대로변을 따라 고층 건물이 즐비하다. 도로폭이 넓으면 일반 상권이 만들어지기 어려운데, 이곳은 폭 50~70m의 넓은 도로 양쪽으로 병원 거리가 조성되고 있다. 길을 걸으면 강동성심병원을 비롯해 중소 규모의 다양한 병원을 볼 수 있다. 병원이 몰리면서 약국 등 관련 업종뿐 아니라 음식점과 카페, 상점 등 근생 상권이 발달했다.

강동구에는 큰 병원이 많지 않다. 송파구의 서울아산병원을 제외하면 강동성심병원과 강동경희대한방병원 두 곳이 강동구의 거점 병원 역할을 한다. 보통 거점 역할을 하는 큰 병원이 있으면 그 주위로 중소 규모의 병원이 모여드는데, 강동역과 길동역 사이 블록 역시 비슷한 양상을 보여주고 있다.

거리 성격에 따라 들어오는 병원의 종류도 달라진다. 피부과, 성형외과 등 뷰티 관련 병원이 많은 구역이 있는 반면 정형외과, 재활

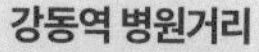

의학과, 통증의학과, 한방병원, 요양병원 등 생활 밀착형 병원이 많은 구역이 있다. 천호역 쪽으로 갈수록 뷰티 관련 병원이 많고, 길동역 쪽으로 갈수록 일반 병원이 많다. 천호역 사거리 인근은 오피스텔 천국으로 1인 가구가 많이 사는 지역이다. 그러니 상대적으로 피부과나 성형외과 등 뷰티 관련 수요가 많다. 반대로 길동역 위쪽으로는 고덕동, 명일동 등 주거 시설이 많은 지역이다. 중장년층 이상의 의료 소비자가 주로 찾는 병원이 길동역 인근에 몰린다고 해석할 수 있다.

건물주 입장에서는 병원에 임대를 주는 것이 유리하다. 건물이 깨끗하게 유지관리되는 것은 물론 객단가가 높은 업종이라 임대료도 높게 받을 수 있다. 강동역과 길동역 사이 블록에 병원 거리가 조성되면서 현재 임대 수요는 많은데 건물 공급이 부족한 상황이다. 특히 K-뷰티 관련 병원의 수요가 꾸준히 늘고 있는데, 매물이 없다 보니 병원 거리가 조금씩 확장되는 양상을 보인다. 현재 길동역을 지나 굽은다리역까지 병원이 들어서는 추세다.

병원 거리 다음으로 눈여겨봐야 할 지점이 강동성심병원 뒤편의 먹자골목이다. 이면 도로에 식당, 술집, 노래방, 모텔 등이 뒤섞여 있다. 원스톱으로 유흥을 즐길 수 있어 젊은 소비 인구가 이곳으로 많이 몰려든다. 재개발로 인해 상당수의 모텔이 오피스텔로 바뀌었음에도 유흥 업종은 여전히 성업 중이다. 이곳도 365일 24시간 돌아가는 핵심 상권이다.

강동구 먹자골목의 음식값은 무척 저렴한 편이다. 천호역 사거리와 마찬가지로 음식점과 유흥 업종의 객단가가 높지 않은 편으로, 강남과 비교해 절반 수준이다. 하지만 이 상황이 계속 이어지리라는 보장은 없다. 개발이 완료되고 나면 거주하는 사람들이 바뀌면서 상권도 변할 가능성이 높다. 객단가가 상승하면 임대료도 높아지기 마련이다.

길동역에서 성내동 방향으로 내려가면 단군 이래 최대 규모의 재건축 아파트라고 하는 둔촌주공아파트를 만나게 된다. 말도 많고 탈도 많았지만 현재는 올림픽파크포레온으로 변모해 곧 입주를 눈앞에 두고 있다. 하지만 아파트가 아닌 인근의 상권은 건물 투자를 하기에 다소 어려워 보인다. 지금은 먹자골목의 특징을 보이는데, 아기자기한 골목상권이 아닌 규모가 큰 프랜차이즈 식당 위주로 대로변이 채워지고 있다. 그렇다고 확실하게 프랜차이즈 상권이라고 보기에도 애매하다. 아직 상권의 특성이 명확히 드러나지 않은 지역이라 좀 더 지켜볼 필요가 있다.

아파트가 완공되면 단지 코앞에 대형 상가가 들어와 주변 상권을 모조리 흡수할 가능성도 있다. 사람들은 멀리까지 걸어나가기보다 가까운 거리에서 끼니를 해결하려 하므로 아파트만 바라보는 상권은 위험 요소가 많다. 하지만 대로변은 강남 도산대로처럼 대형화, 고급화된 매장 거리로 특화될 가능성이 있다. 현재 기아자동차 플래그십 스토어가 자리 잡고 있으니 비슷한 종류의 자동차 매장이나 대형 가구점 등의 입점을 기대해 볼 만하다.

핵심 블록 탐구 03

전통시장과 연결된 근생 상권

무궁무진한 확장성! 길동역~굽은다리역

이곳의 특징은 30대 이상의 소비력 높은 중장년층이 많이 모인다는 것. 원래도 전통시장을 중심으로 먹고 노는 상권이 만들어져 있었는데 유흥 상권이 확대되면서 중소 규모의 건물에 관심 있는 투자자들이 몰리고 있다.

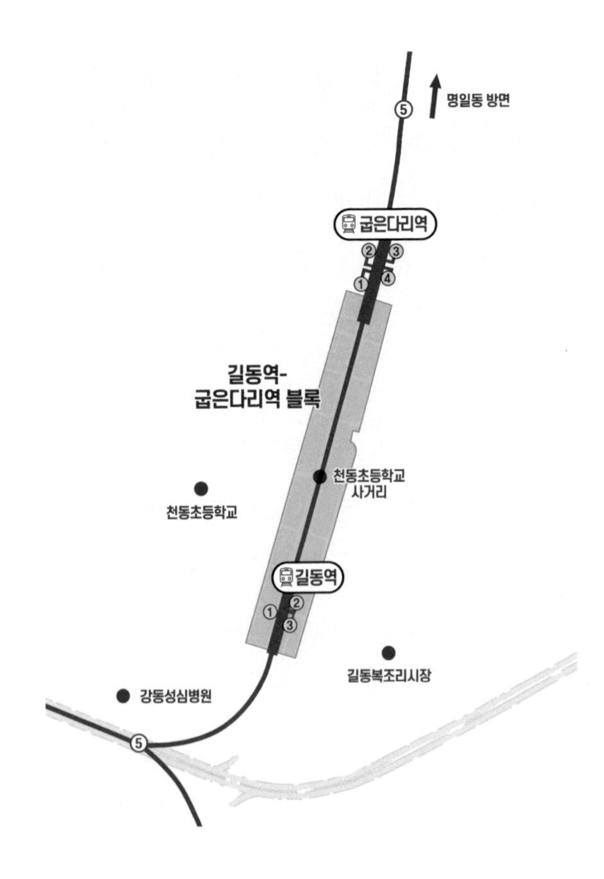

길동역에서 굽은다리역으로 가는 길 양쪽으로 대부분 근생 상권이 형성되어 있으며, 확장성이 굉장히 크다. 강동구에서 건물 투자 순위는 천호역 사거리가 제일 높고 강동역, 길동역, 굽은다리역 순이다.

이곳은 지금까지 살펴본 블록과 성격이 약간 다르다. 길동역 2번과 3번 출구는 전통시장과 연결되어 있다. 강동구는 곳곳에 오래된 전통시장이 많은데, 전통시장 상권이 재개발 지역과 맞물리면서 상권 확장에 큰 역할을 하고 있다. 심지어 길동역 블록은 전통시장 상권과 먹자골목 상권에 더해 유흥 상권이 혼재되어 있다. 기존 전통시장 상권에도 유입 인구가 많았는데 먹자골목 상권과 유흥 상권이 커지면서 사람들이 계속해서 몰려들고 있다. 천호역 사거리에 20대가 주로 모인다면, 이곳은 30대 이상의 소비력 높은 중장년층이 많이 모인다. 돈 쓸 여력이 있는 사람이 많다 보니 음식점 등을 비롯한 인근 상점의 객단가도 높은 편이다. 강남역 사거리가 10~20대 성지인 반면, 영동시장 상권은 20~30대 이상의 MZ세대와 중장년층이 모이는 것과 비슷하다.

이곳에 오는 사람들은 천호역 사거리까지 가기가 부담스러우니 근거리에서 해결하겠다는 심리가 작용한다. 원래도 전통시장을 중심으로 먹고 노는 상권이 만들어져 있었는데, 마침 유흥 상권까지 확장하고 있으니 인기가 높다. 건물 투자자라면 이곳의 중소 규모 건물에 관심을 기울이는 것이 좋다. 매물이 충분한 편은 아니지만 전통시장 쪽은 상업지가 아니어서 가격도 높지 않다. 특히 꼬마 건물 투자자라면 이곳을 눈여겨볼 필요가 있다.

길동역에서 천동초등학교 사거리까지는 지속적으로 손바뀜이 일어나고 있다. 병원과 근생 상권이 교차되고 오피스 상권이 추가되면서 다소 뒤섞인 양상을 보이는데, 강남과 비교하면 신논현역과 논현역 사이 상권과 비슷하다. 천호역 사거리나 강동역 사거리에 비하면 유동 인구가 적고 조용한 편이지만 계속 발전하고 있고, 유입 인구 역시 조금씩 늘어나고 있다. 원래 건물 투자는 끊임없이 공사가 이어지는 식으로 지역 환경이 바뀌는 곳에 하는 것이 좋다. 수익이나 지가 상승을 기대할 수 있기 때문이다. 그런 면에서 길동역과 굽은다리역 사이 블록은 변화무쌍한 지역이기에 투자에 적합하다. 굽은다리역을 지나 명일동으로 가는 길은 언덕이라 상권이 끊긴다. 이쪽은 항아리 상권이어서 근생 건물 투자를 하기에는 별 매력이 없다.

핵심 블록 탐구 04

최고급 호텔 입지를 노린다!

한강 조망과 녹지가 포인트, 천호역~암사역

천호역에서 암사역까지 이어지는 대로는 강남의 영동대로를 떠올리게 한다. 한강과 가까워 녹지가 풍부하고, 한강 조망이 가능해 근처 산업단지에 입주한 회사들의 비즈니스 미팅이나 접대 수요를 수용하는 고급 호텔 입지로 경쟁력이 있다. 무엇보다 이곳의 매력은 인근 역세권에 비해 건물 가격대가 높지 않다는 것이다.

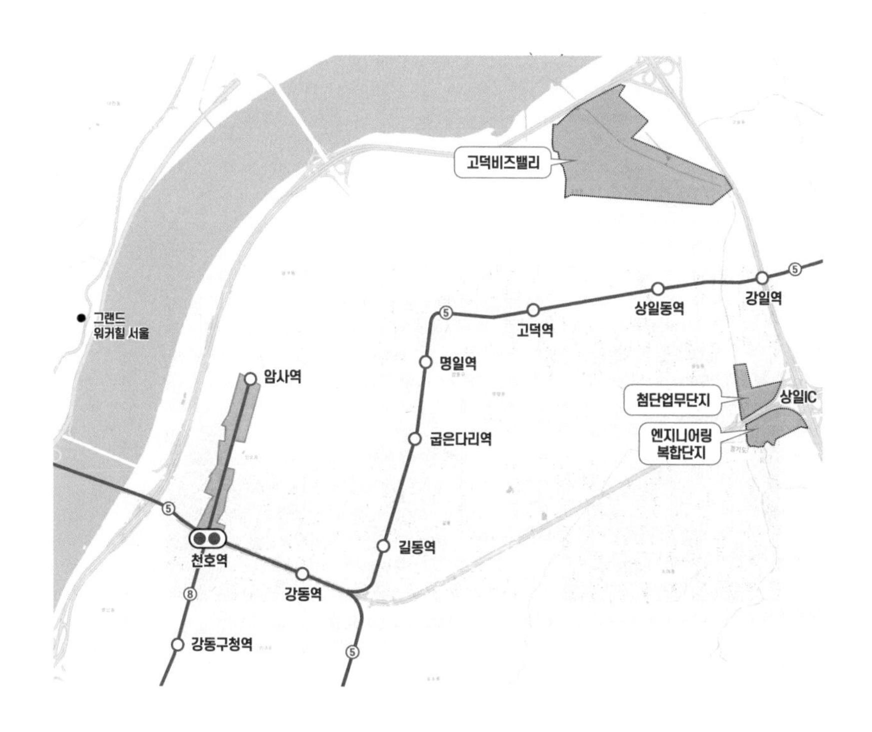

천호역에서 암사역까지 이어지는 길도 주목해야 한다. 재개발 호재가 많은 기존 지역에 비하면 관심도가 떨어지지만 한강 조망권을 확보하고 있으며, 한강공원으로 가는 입구가 있어 경관 가치가 뛰어나다.

천호대로 변 초고층 건물이 강남 테헤란 밸리를 연상시킨다면, 천호역에서 암사역까지 이어지는 대로는 강남구 삼성동의 영동대로를 떠올리게 한다. 한강과 가까워 녹지가 풍부하고, 걷는 사람이 별로 없어 호젓한 분위기를 자아낸다. 이곳의 투자 포인트는 대로변이다. 신축 건물에 대형 플래그십 스토어나 안테나숍이 들어오기에 딱 알맞다. 대규모 건물이 들어오면 이곳을 중심으로 상권이 계속 확장될 수 있다.

고층 호텔 등 한강 조망이 가능한 숙박 시설도 경쟁력이 높다.

이미 강동구 '고덕비즈밸리', '첨단업무단지', '엔지니어링복합단지' 등 산업단지에 다양한 기업이 이전하고 있다. 미사, 하남 등 위성도시의 지식센터에 입주한 회사 역시 강일이나 고덕동 쪽으로 유입될 수 있다. 회사가 업무 활동을 할 때 미팅이나 바이어 등의 접객 업무도 중요한 비중을 차지하는데, 미팅을 위해 출퇴근 시간에 강남을 오간다는 것은 교통체증 등 제약이 많다. 현재 강 건너 그랜드 워커힐 서울 호텔이 인근 기업의 수요가 상당히 많은 것으로 알려진다. 만약 강을 건너지 않고 갈 수 있는 고급 호텔이 강동구에도 있다면? 녹지가 풍부하고 조용한 데다 한강이 보여 숙박 업종에는 최적의 위치다. 게다가 대로변에서 멀지 않은 곳에 한강공원으로 나가는 입구가 있어 인근 지역에 놀러 온 젊은 층에게도 인기를 끌 수 있다.

무엇보다 좋은 것은 인근 역세권에 비해 건물 가격대가 높지 않다는 것이다. 천호역 핫 플레이스 건물은 평당 2억원에 육박한다. 하지만 이곳은 평당 5000만~6000만원 정도면 살 수 있다. 역세권치고 땅값이 저렴하기 때문에 건물 규모를 크게 해 플래그십 스토어나 안테나숍 등으로 사용하기에 좋다. 천호동 재개발이 완료되는 시점에는 지가 상승도 기대할 수 있다. 대규모 자본이 들어오기 시작하면 상승률은 더욱 높아질 것이다.

TIP

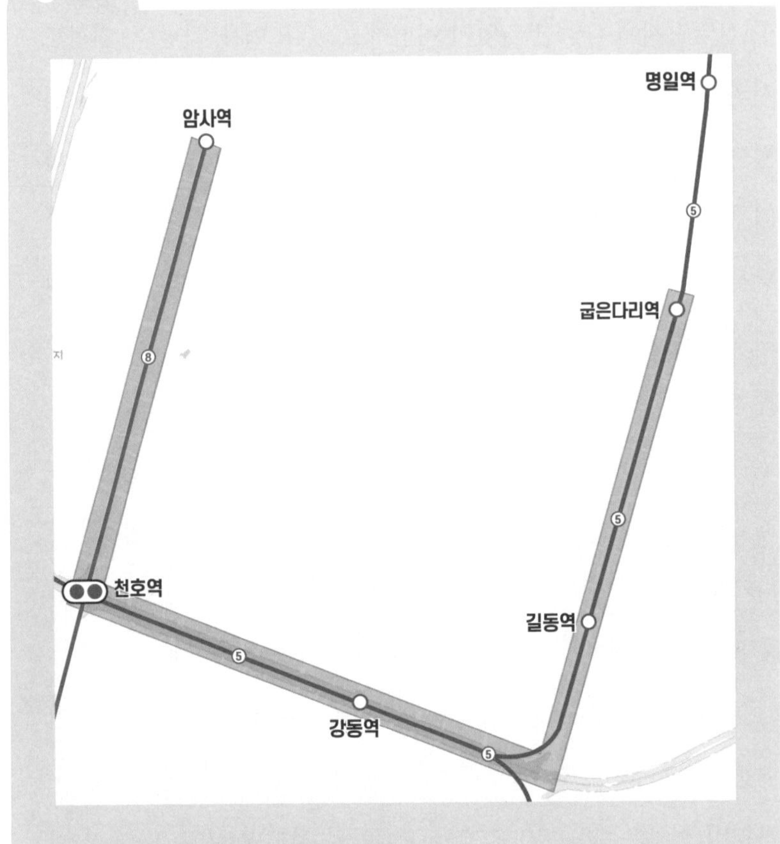

'ㄷ' 자 라인에 주목하라

강동구의 유망 투자 지역을 블록별로 살펴보면 강남구 요지와 비슷하다는 것을 눈치챌 수 있다. 2~3년 안에 재개발이 완료될 것으로 예상되는데, 완성될 도시 모습을 상상하면 건물과 상권의 특징이 하나같이 강남구를 빼닮았다.

천호역 사거리에서 강동역으로 향하는 대로는 강남대로와 흡사하다. 큰길과 접한 면에는 초고층 건물이 들어서고 이면에는 음식점, 술집, 클럽, 상점 등 먹자골목 중심의 유흥 상권이 형성된다. 강동역에서 길동역, 굽은다리역 쪽으로 가는 거리는 강남 테헤란로와 비슷하다. 병원 거리라는 것만 제외하면 새로 지은 건물과 오피스텔이 즐비해 세련된 도시 모습을 풍긴다. 천호역에서 암사역 방면 대로는 강남 영동대로를 연상시킨다. 오가는 사람이 많지 않아 호젓하고 녹지가 풍부하며 강변과 가까워 호텔 등 숙박 업소에 적격이다.
이를 지도에 표시하면 'ㄷ' 자를 닮았다. 천호역세권을 중심으로 'ㄷ' 자 대로를 따라가면 천호동의 미래 모습을 그릴 수 있다.

Youtube

빌딩의 신 유튜브 영상이 궁금하다면? QR코드를 스캔하세요.

Point of View.

강동구는 기회의 땅이 될 수 있을까?

아파트 단기 투자는 1, 2년 안에도 승부를 볼 수 있다. 하지만 건물은 구입 후 리모델링이나 신축을 하고, 임대를 들이고 운영을 하다 다시 매각하기까지 2~3년은 걸린다. 눈에 보이는 수익을 얻기까지 시간이 오래 걸리는 것은 물론 관리도 쉽지 않다. 세금 문제도 복잡하다. 하지만 그만큼 얻는 열매는 무척이나 크고 달다. 이 열매를 얻기 위해 투자자는 시간과 노력을 들이고, 때로는 전 재산을 걸기도 하는 것이다.

강동구는 강남 4구 중 가장 높은 성장 동력을 지니고 있으며, 평균 지가 상승률도 높다. 장기적으로 연간 10% 이상의 지가 상승이 꾸준히 일어날 수 있을 만한 성장 잠재력을 지녔다. 물론 인구 감소와 경제 위축 등 불안 요소가 공존하지만, 위기는 누구에게나 공평하다. 경기 침체기에도 투자에 성공하는 사람은 항상 존재한다는 사실을 잊지 말자.

강동구청은 2030년 인구가 60만 명을 돌파할 것으로 예상하고 있다. 높은 인구밀도는 대규모 상권 형성과 지가 상승의 가장 강력한 원동력이다. 인근에 대기업이 들어오면서 사람들의 소득 수준이 높아지고 있다. 고소득층이 유입되면 주거 환경이 쾌적하게 바뀌는 것은 물론 인근 상권의 수준도 높아진다.

강동구는 서울에서 마곡지구처럼 직주 근접이 가능한 유일한 지역이다. 마곡이 김포공항으로 인해 확장성에 제한이 있고 연구소 위주의 기업이 들어와 조용한 분위기라면, 강동구는 일반 기업이 많아 사는 사람들의 세대와 계층의 폭이 넓다. 젊은 인구가 많아 역동적인 도시로 성장할 가능성이 매우 높다고 본다. 한편에서는 강남의 기득권을 강화하려는 수단으로 강동구를 키운다는 시선도 있다. 강남은 소위 '그들만의 리그'로, 사람이 많이 몰려드는 것을 좋아하지 않는

강동구 지가 변동률

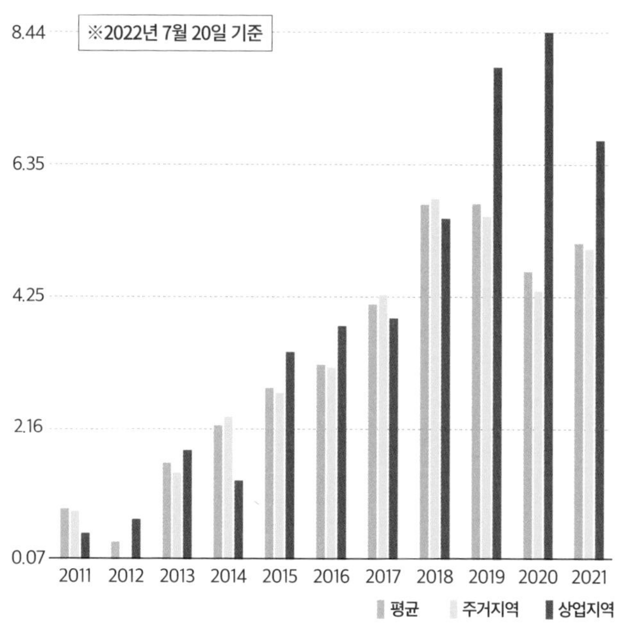

출처 서울시, 서울특별시기본통계

다. 강남에 입성하고 싶은 중산층이 포화 상태에 이르렀으니 이들을 밀어낼 대체 지역으로 강동구를 키운다는 논리다.

이처럼 강동구를 바라보는 다양한 시선이 존재하지만 강동구의 투자 매력도에 해를 끼친다고 볼 수는 없다. 오히려 관심도를 높이는 방식으로 작용하고 있다. 지금의 강동구는 1970년대 강남의 모습과 흡사하다. 사방이 개발과 공사로 분주하던 50년 전의 강남이 강동구에서 재현되고 있는 것이다. 몇 년 후의 강동구를 상상해 보면, 강남 부럽지 않은 막강한 도시가 눈앞에 펼쳐진다. 고속도로와 지하철을 통해 기회의 땅이 되었던 강남의 바통을 이제는 강동구가 이어갈 차례다.

Youtube

빌딩의 신 유튜브 영상이 궁금하다면? QR코드를 스캔하세요.

핵심 블록 01

K-뷰티 특구 신사역 사거리

핵심 블록 02

신사역과 강남역 상권 접수 논현역 사거리

핵심 블록 03

삼성동의 숨은 보물 봉은사역~종합운동장

핵심 블록 04

MZ세대 아지트 압구정로데오거리와 강남을지병원 사거리

핵심 블록 05

불황에도 끄떡없는 은마아파트 사거리

02 CHAPTER

신화는 계속된다

강남구

02

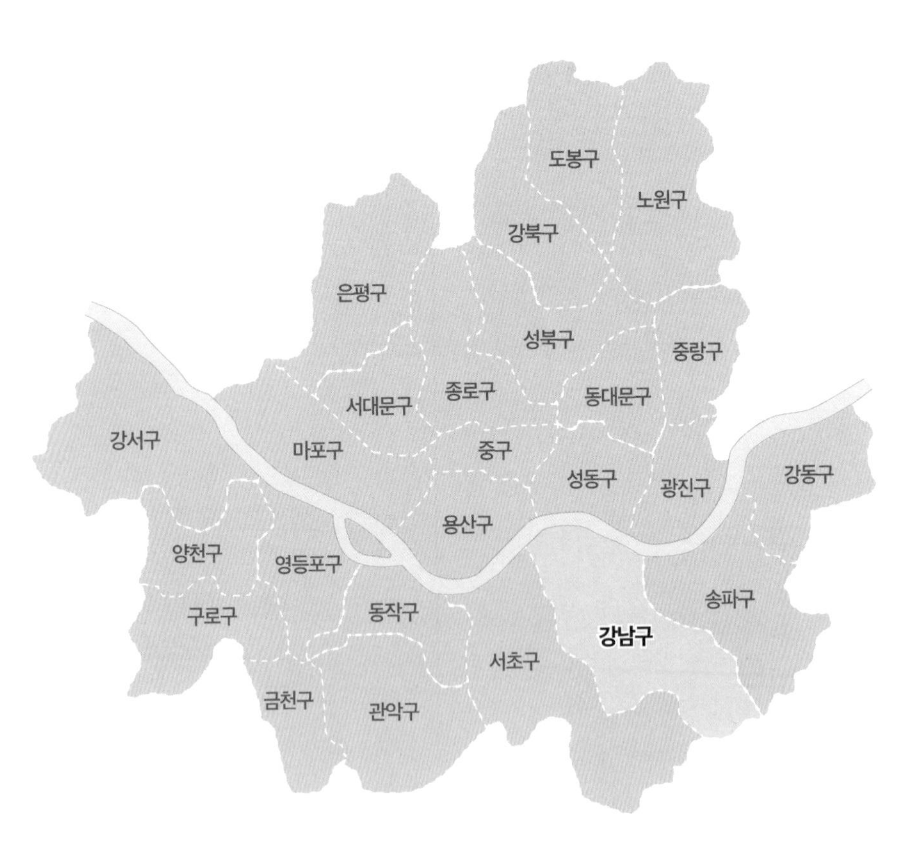
도봉구
노원구
강북구
은평구
성북구
중랑구
종로구
서대문구
동대문구
강서구
마포구
중구
성동구
광진구
강동구
용산구
양천구
영등포구
송파구
구로구
동작구
강남구
서초구
금천구
관악구

About Location.

강남구

GANGNAM-GU

대한민국 부동산 투자에서 강남을 빼놓으면 얘기가 되지 않는다. 강남은 건물 투자의 시작이자 끝이며, 아파트 광풍의 핵심지이기도 하다. 남들 오를 때는 더 많이 오르고, 남들 떨어질 때는 꿈쩍도 하지 않는 것이 강남 땅값이다. 부동산 투자 절대 강자, 강남 대해부.

그들끼리 만들어내는 '무언가'가 있다

강남은 우리나라에서 가장 높은 가치를 인정받는 땅이다. 대한민국 최상위층이 살고 있으며, 최고의 가치를 추구하는 사람들이 모여든다. 흔히 "강남은 수익률도 잘 안 나오는데 왜 이렇게 땅값이 비싼가?"라고 묻는데, 이는 사정을 잘 모르고 하는 말이다. 주택 가치를 평가할 때 '한강 조망권'에 웃돈을 얹어주는 것처럼 '강남'이라는 단어에는 무형의 가치가 포함되어 있다. "강남 살아요" 혹은 "강남에 건물 있어요"라는 말이 특정한 의미를 갖는 것은 이 무형의 가치를 인정하기 때문이다.

강남 인구는 현재 53만 명으로, 이 중 10%를 부유층으로 분류할 수 있다. 이 10%가 보유한 아파트는 대한민국에서 최고가를 자랑하며, 생활 수준도 높고 부를 대하는 태도도 다르다. 한번 강남에 들어온 사람은 여간해선 강남을 벗어나려 하지 않으며, 그들끼리 더욱 공고한 강남을 만들어가고 있다.

우리는 누구나 남들보다 더 잘살고 싶고, 좋은 곳에서 살고 싶고, 자랑하고 싶은 욕구를 갖고 있다. 강남은 그런 욕망을 분출하는 지역이다. 비싼 부동산 가격뿐 아니라 차별화된 문화와 트렌드를 만들기도 하는데, 혹자는 그런 면에서 '강남에 거품이 낀 것 아니냐?'며 회의적인 시각으로 바라본다. 만약 강남에 거품이 낀 것이라면 수그러들기보다 점점 더 커질 가능성이 높아 보인다. 시간이 지날수록 빈익빈 부익부 현상이 강해지고 생활 수준 격차가 더 벌어지기 때문이다. 끼리끼리 어울리고 싶은 건 본성이고, 부를 가진 사람은 그들만의 리그를 형성한다. 부자들이 강남에 몰릴 수밖에 없는 이유다.

전통 부자 vs. 신흥 부자

강남에 사는 투자자들과 강남의 특징을 이해하기 위해 지역을 세분해 보자. 강남은 지하철 9호선을 중심으로 남과 북으로 나눌 수 있다. 9호선 라인 위쪽인 압구정동, 청담동, 논현동, 신사동에는 전통 부자가 많이 산다. 9호선 이남의 대치, 도곡, 역삼 블록은 신흥 부자가 많이 모여든다.

9호선 위쪽의 전통 부자는 태어날 때부터 '금수저'인 경우가 많다. 투자 공부를 따로 하지 않아도 자연스럽게 몸으로 체득했으며,

건물을 살 때도 분석하고 예측하기보다 자신의 투자 철학에 따라 움직이는 경향이 있다. 이들이 가장 궁금해하는 것은 "좋은 물건이 있는가?"이다. 돈은 그다음이다. 항상 여유가 넘치고, 자신과 성향이 맞는 사람 혹은 그 사람 됨됨이를 따져가며 비즈니스를 하는 특징이 있다.

강남 전통 부자에게는 특유의 자존감이 있는데, 특히 부동산 투자에서 빛을 발한다. 시간에 구애받지 않는 이들은 어떤 상황에서도 급하게 서두르는 법이 없다. 경제 상황이 아무리 좋지 않아도 '강남이 떨어지겠어? 급한 거 아니니 그냥 보유하자'는 결정을 내린다. 실제로 늘 그런 방식으로 돈을 벌어왔기 때문에 믿는 구석이 있으며, 시간에 쫓기지 않기 때문에 유리한 고지를 점할 수 있다.

9호선 남쪽의 대치, 도곡, 역삼 블록에는 자수성가형 부자가 많이 산다. 이들은 태어날 때부터 부자는 아니었으나 노력으로 부를 일궈 강남에 입성했다는 특징이 있다. 짧은 시간에 많은 돈을 번 벼락부자일수록 강남 입성을 선호하는데, 이들은 단기간에 돈을 번 만큼 비싼 값을 치르더라도 강남 부동산을 구입하려 든다. 또 부를 일구기 위해 열심히 공부하고 발품 팔아가며 부지런히 연구한다. 건물 투자도 계획적이고 전략적으로 접근한다. "갖고 있는 돈이 이 정도인데, 투자할 만한 적합한 건물이 있는가?"를 먼저 묻는다. 전통 부자들이 '좋은 물건'에 초점을 맞춘다면 이들은 예산에 중점을 둔다. 똑같은 100억원이라도 자수성가형 부자들은 합리적이고 실용적인 선택을 하기 위해 고군분투한다.

영동대로 vs. 강남대로

강남을 이해하는 또 하나의 축은 영동대로와 강남대로다. 두 대로는 강남의 동서 축에 각각 위치해 있으며, 서로 다른 비즈니스 모델을 보여준다.

강남대로는 대한민국에서 가장 비싼 땅값을 자랑한다. 대로변의 랜드마크 건물은 평당 9억원을 호가한다. K-팝을 필두로 패션, 문화, 음식, 영상, 공연, 예술 등 전방위 문화 트렌드의 진원지 역할을 한다. 강남대로는 한국의 트렌드와 관련된 것이라면 누구든, 어떤 것이든 들어올 수 있는 상권을 형성하고 있다. 번화가임에도 불구하고 백화점이나 쇼핑몰이 없다는 것도 특징이다.

영동대로는 고퀄리티 오피스 중심 상권이다. 호텔, 백화점, 쇼핑몰이 있으며 한창 공사 중인 현대자동차그룹 글로벌비지니스센터(GBC)가 완공되면 이런 성격은 더욱 도드라질 것이다. 강남대로에는 새로 개발할 땅이 거의 없는 반면, 영동대로 주변에는 개발할 땅이 남아 있는 것도 호재로 작용한다.

"그래서 실제로 강남 어디에 건물 투자를 해야 할까요?"라고 묻는다면 그건 좀 더 들어가봐야 한다. 영동대로는 대형 오피스 건물이 들어차 있고, 일반 투자자가 접근할 수 있는 건물은 제한적이다. 강남대로는 지속적으로 재개발, 재건축이 되고 있으나 너무 비싸 비현실적이다. 현실적으로 건물을 사고 싶어도 마땅한 물건이 없다는 것이 두 대로의 문제라면 문제다. 그래도 옥석을 가려 대어를 낚을 기회를 만들어야 하니, 강남을 지역별로 나눠 자세히 살펴보자.

강남대로 vs. 영동대로
한남대교
경부고속도로
신사역
논현역
신논현역
강남역
강남대로
양재역
영동대로
봉은사역
삼성역
대모산입구역

핵심 블록 탐구 01

행정구역 세 곳을 품은 더블 역세권

K-뷰티 특구, 신사역 사거리

논현동, 잠원동, 신사동 등 행정구역이 세 곳으로 나뉘는 신사역 사거리는 신분당선이 들어오면서 상업지구가 아님에도 불구하고 대로변 땅값이 평당 4억~5억원 선을 넘었다. 건물 임대료도 단기간에 너무 가파르게 상승해 최근 주춤하는 양상을 보이고 있으므로 신중하게 접근해야 한다.

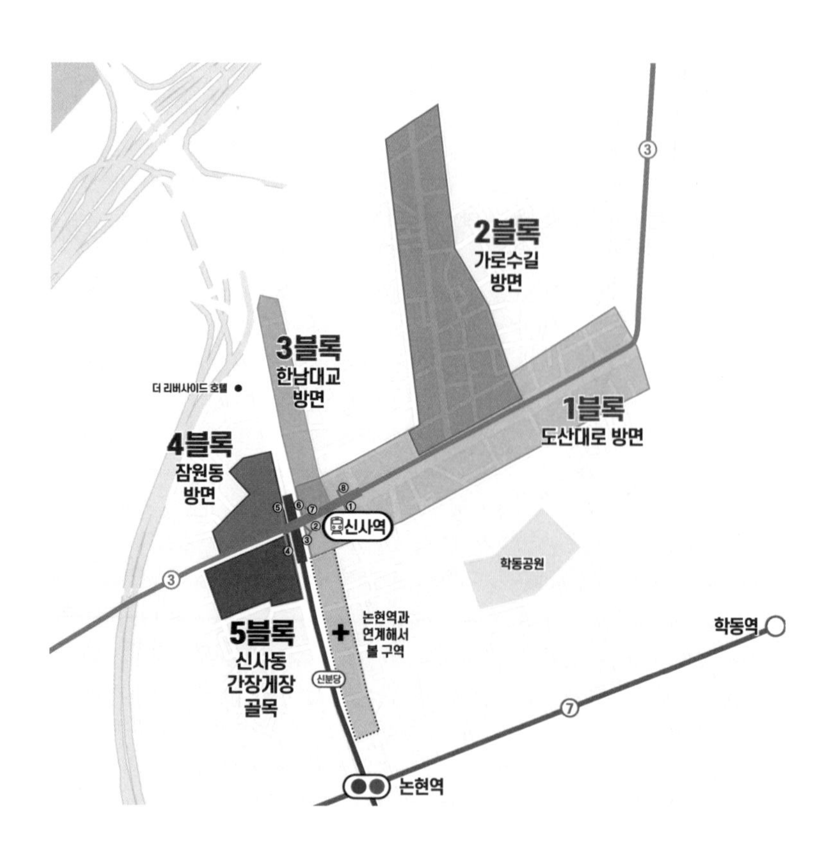

강북에서 한남대교를 넘어 강남으로 진입하면 제일 먼저 만나게 되는 신사역 사거리. 이곳은 강남을 들어오려는 사람과 나가려는 사람으로 늘 북적인다. 사람이 많이 몰린다는 것은 상권이 좋다는 뜻으로 해석할 수 있다. 몇 년 전부터 K-뷰티 특구로 입소문을 타면서 건물 투자자 사이에서 인기를 모았던 신사역 사거리는 신분당선 신사역 개통으로 더블 역세권이 되면서 제2의 전성기를 기대하고 있다.

K-뷰티 특구인 신사역 사거리는 논현동, 잠원동, 신사동 등 행정구역이 세 곳으로 나뉜다. 원래도 땅값이 비쌌는데, 신분당선이 들어오면서 상업지구가 아님에도 불구하고 대로변의 땅값이 평당 4억~5억원, 심지어 6억원까지 부를 정도로 뛰어올랐다. 건물 임대료도 단기간에 너무 가파르게 상승해 최근 분양한 신축 건물인데도 공실이 생길 정도이니, 현재 투자자 입장에서는 수익률을 만들어내기 쉽지 않게 되었다. 그전까지만 해도 임대 수익을 내기에 가장 좋은 지역 중 하나였는데, 단기간에 너무 올라 최근 주춤하는 양상이다. 이제부터는 더 조심스럽게 접근해야 한다.

도산대로 방면 대로변

1블록 도산대로 방면

신사역에서 도산대로 방면으로 곧게 뻗은 대로변은 K-뷰티의 상징이자 특구다. 피부과, 성형외과 등 미용 관련 병원만 100여 개 넘게 들어와 있으며 은행, 약국, 카페, 식당 등 일반 근생 업종이 섞여 상권을 만들고 있다.

K-뷰티 병원은 일반 병원에 비해 객단가가 다르다. 성형외과나 피부과에서 환자 한 명이 지출하는 돈은 최소 수십 만원, 많게는 몇천 만원까지 올라간다. 매출 단가가 높으니 임대료도 비싸다. 현재 이 지역에서 신축 중이거나 개발이 예정된 건물은 대부분 병원 임대에 초점이 맞춰져 있다. 높은 임대료를 감당할 수 있는 임차인이 많지 않기 때문에 건물주 입장에서는 병원을 들이지 않으면 수익률을 맞추기가 어렵다.

종종 공실이 발생하기도 하지만, 워낙 많은 사람이 여기서 '병원 쇼핑'을 하기 때문에 대로변은 건물 투자하기에 좋다. 이곳에 병원을 개업해야 돈을 벌 수 있으므로 찾는 '원장님'이 많기 때문이다. 건물주 입장에서는 높은 임대료 수익 외에 건물 관리도 수월하다. 병원은 건물을 깔끔하게 유지관리할 수 있는 대표 업종이다. 또 건물 매각 후 지가 상승으로 인한 투자 수익도 기대할 수 있다. 그러다 보니 병원장 입장에서는 비싼 임대료를 내며 병원을 운영하느니 은행 대출을 받아 건물을 매입하는 것이 이득이라고 생각하기도 한다. 건물 매각 시 받아주는 수요도 충분하다고 볼 수 있다. 여러모로 건물 투자에 유리한 지역이다.

도로변을 따라 병원이 빼곡히 들어찬 반면, 이면으로는 상권이라고 부를 만한 것이 별로 없다. 위로 올라갈수록 경사가 가파른데, 원래 이곳이 산이었음을 알 수 있다. 중앙부에는 학동공원이 자리잡고 있어 한적한 뒷동산 같은 분위기가 느껴지지만 골목의 경사도가 심해 상권이 활성화되기 어려운 입지다. 다행인 건 신사역이 가깝고 강북과 강남을 잇는 버스 노선이 많아 젊은 층이 많이 유입된다는 점이다. MZ세대가 선호하는 음식점, 카페, 클럽 등의 수요가 있고, 일반 오피스 건물도 제법 많다. 일반 오피스 상권과 근생 상권이 섞이면서 혼재된 상권을 만들어내고 있는 것이다.

지도에 +블록으로 표시된 신사역에서 논현역까지 가는 대로변과 역세권 주변은 유망 투자 지역 중 하나로, 특히 논현역과 연계해 살펴볼 필요가 있다. 논현역 인근은 '강남대로' 편에서 보다 집중적으로 다뤄보겠다.

2블록 가로수길 방면

K-뷰티 상권과 마주 보고 있는 2블록은 인구 유입이 많은 가로수길을 배후로 두고 있기 때문에 상권이 훨씬 좋다. 대로변 건물이 남쪽을 향하고 있는데도 가격이 더 높은 이유다. 가로수길이 압구정까지 연결되면 상권은 더 확장할 수 있다. 유동 인구가 많고 다양한 근생 시설이 들어와 있어 투자하기에 좋은 조건을 지녔기에 1블록에 비해 지가가 10~15% 정도 비싸게 형성되어 있다.

대로변에서 안쪽으로 들어간 곳에 있는 가로수길은 주의 깊게 살펴봐야 한다. 이곳은 경기 흐름과 트렌드에 따라 부침이 심한데, 2~3년 전부터 공실이 많이 생기면서 위기가 찾아오기도 했다. 임대료가 비싸진 탓도 있지만 코로나19로 유입 인구가 줄면서 상권이 전멸하다시피 했다. 그러다 애플 매장이 들어서면서 다시 살

가로수길 방면

아나는가 싶더니, 건물값이 더 오르고 임대료가 상승하자 공실이 많아졌다.

이곳의 임차인들은 임대료가 낮은 지역으로 빠져나갔는데, 이들 중 상당수가 압구정로데오거리로 옮겨간 것으로 파악된다. 한때 전멸하다시피 했던 압구정 상권은 상가연합회가 임대료를 낮추면서 회복의 길로 들어선 데다 가로수길 상권이 옮겨오면서 다시 전성기를 맞고 있다. 가로수길도 압구정처럼 건물주들이 힘을 합쳐 임대료를 낮추는 등 상권 활성화를 위한 노력과 대책이 시급해 보인다.

TIP

북향 건물이 항상 비쌀까?

주택과 달리 건물은 북쪽을 바라보고 있을 때 더 비싸다. 테헤란로에 있는 건물을 예로 들면 도로를 경계로 남쪽보다는 북쪽을 향한 건물이 더 비싸며, 비슷한 가격대라면 북쪽으로 난 건물이 더 빨리 팔린다. 남쪽을 바라보는 건물은 하루 종일 해가 들어 업무 집중도가 떨어지기 때문에 일하는 환경으로는 적합하지 않다. 작업 공간을 북쪽에 두는 이유는 조도가 일정하기 때문인데, 책상에 오래 앉아서 일하는 업무 환경상 북향 건물에 더 높은 점수를 줄 수밖에 없다. 냉난방 비용도 북쪽 건물이 덜 든다.

하지만 예외인 경우도 있다. 가로수길 지역이 대표적이다. 이곳의 대로변 건물은 남쪽을 바라보고 있지만, 반대편 북향 건물보다 가격이 5~10% 정도 비싸다. 이는 가로수길과 압구정동 쪽으로 유입되는 인구가 훨씬 많기 때문이다. 건물의 입지 요인도 중요하지만 주변 환경으로 인해 이처럼 상권 성격이 달라진다면 이를 최우선으로 고려해야 한다.

3블록 한남대교 방면

신사역에서 한남대교 방면 상권은 특별할 것이 없다. 오피스 라인이 만들어지고 있지만 K-뷰티 상권이 이곳까지 확장될지는 미지수다. 그보다는 사옥으로 쓸 수 있는 건물 투자라면 해볼 만하다. 경부고속도로와 곧장 연결되므로 자동차로 들고 나기 편하며, 신사역이 가까워 대중교통을 이용하기도 수월하다. 직장인들이 무척 선호할 만한 입지다.

4블록 잠원동 방면

한때 인기가 높았던 더 리버사이드 호텔 뒤편을 중심으로 먹자골목이 번성했던 곳이다. 그때만큼은 아니지만, 지금도 여전히 먹자골목을 찾는 사람들이 있다. 이 안에서만 움직이는 사람들의 수요가 있다는 뜻이다. 맛집으로 이름난 식당에 가면 지금도 사람들이 북적거린다. 40대 이상의 연령대가 주로 찾으며, 밤늦게까지 술을 마시고 노는 유흥문화가 여전히 남아 있다.

문제는 유행에서 밀려난 느낌이 든다는 것이다. 트렌드가 바뀌었으니 젊고 신선한 감각의 업장이 들어와 거리 분위기를 바꿔야 하는데, 아직은 미미하다. 다행히 변화의 조짐이 조금씩 보이기 시작했다. 이곳은 건물 투자처로 볼 때 평균 수익률을 낼 수 있는 지역이다. 큰 욕심 없이 물가상승률만큼 지가 상승을 기대한다면 투자해 볼 만하다.

경부고속도로 지하화 구간

5블록 신사동 간장게장 골목 방면

주소는 '신반포로길'로 표기되지만 행정구역상 잠원동으로, 신사역 4번 출구와 연결된다. 원래는 마산아구찜 골목으로 유명했으나 지금은 신사동 간장게장 골목으로 불린다. 이곳은 죽은 상권도 아니고 확장되는 상권도 아닌, 꾸준히 평타를 유지하는 상권이라고 말할 수 있다.

건물 투자 호재를 굳이 찾자면 '경부고속도로 지하화' 이슈가 될 것이다. 최근 강남에서 가장 기대를 모으는 것이 경부고속도로 지하화 사업이다. 만약 이 계획이 실행되면 경부고속도로가 지나가는 강남권 전역이 혜택을 받는다. 각각의 입지와 주변 상황에 따라 수혜 정도는 다 다른데, 경부고속도로 인근에 위치한 강남 지역이라면 대부분 수혜 지역에 해당한다. 신사역 사거리의 다섯 블록 중에는 이곳이 고속도로 지하화 혜택이 가장 큰 구역이다.

신사동 간장게장 골목을 지나 잠원역으로 내려가는 방향에 경부고속도로가 고가 형태로 자리 잡고 있다. 이 고가가 지하로 들어가고 신사역과 잠원역 사이가 공원으로 연결되면 두 지역의 단절성이 사라진다. 걷기 좋은 환경이 조성되면 사람들이 많이 오갈 것이고, 자연스럽게 주변으로 활동 인구가 늘어나 상권이 확장될 수 있다. 지금은 고가도로 때문에 지역이 어둡고 시야가 잘 확보되지 않아 상권이라고 할 만한 것이 거의 없다.

이 지역의 땅값은 주변에 비해 저렴한 편으로, 지속적인 지가 상승을 기대할 수 있어 잠재적 가치가 높다. 투자자라면 신사역과 잠원역 사이에 고가가 사라진 모습을 상상할 수 있어야 하며, 특히 장기적 안목으로 오래 보유할 수 있는 투자자라면 적극 노려볼 만하다. 장기적으로 보면 신사역 사거리 1블록보다 훨씬 많은 호재가 발생할 수 있는 지역이다.

TIP

경부고속도로 지상 공원 조감도

출처 서초구

경부고속도로 지하화

경부고속도로 서울 구간인 한남~양재IC까지 6.8km 구간을 지하화하는 계획이다. 만성적 교통체증으로 악명이 높은 이 도로가 강남권의 핵심 요지인 서초구 전역을 관통해 강남권 재개발의 대어로 떠오른 것이다. 서울시와 서초구는 현재 제 기능을 못 하는 고속도로 용량을 늘려 지하화하고, 상부 공간은 시민을 위한 여가와 문화 공간으로 조성할 계획이다. 경부고속도로 지하화 이슈는 강남권의 대형 개발 호재로 작용하고 있으며, 지하화 사업이 가시화되는 순간 폭발력을 발휘할 것으로 예상된다.

핵심 블록 탐구 02

신분당선 호재를 가장 많이 누리는 곳

신사역과 강남역 상권 접수, 논현역 사거리

한때 강남에서 땅값이 가장 저렴한 곳으로 꼽혔으나 지하철 7호선과 신분당선의 더블 역세권이 되면서 가장 유망한 투자처가 되었다. 강남역 일대 오피스 건물들이 포화 상태에 이르면서 논현역 사거리를 중심으로 업무용 건물이 급증하고 있으며, 여기에 더해 신사역과 강남역 K-뷰티 상권의 영향도 받고 있어 확장성 면에서 상당히 유리한 입지다.

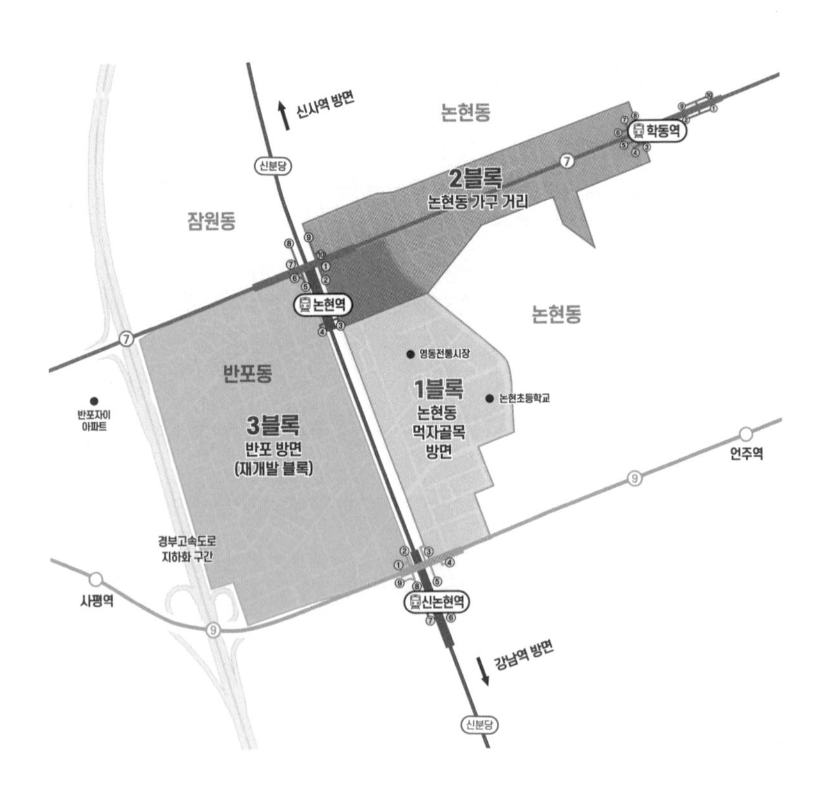

지금으로부터 4~5년 전만 해도 강남에서 땅값이 가장 저렴해 건물 투자자들에게 적극 추천하던 곳이 바로 논현역 사거리 인근 지역이다. 신사역과 마찬가지로 행정구역상 잠원동, 반포동, 논현동 등 세 지역에 걸쳐 있으며, 7호선 논현역과 더불어 신분당선 논현역이 개통되면서 더블 역세권으로 거듭났다. 신분당선 교통 호재를 가장 많이 누리는 지역이기도 하다.

이곳은 강남역과 연결해 바라봐야 한다. 강남역 사거리와 강남대로 일대의 오피스 건물은 이미 포화 상태에 이르러 더 이상 개발할 곳이 없다. 오피스 수요는 많은데 공급이 모자라니 논현역 블록까지 밀고 올라오는 형국이다. 논현역 사거리를 중심으로 순수 업무용 건물이 급격히 늘고 있는 이유다. 신논현역과 논현역 사이에 투자 대상 건물이 증가한다는 것은 논현역 블록이 단기간에 많이 오를 여지가 있다는 뜻이다.

여기에 더해 신사역과 강남역 K-뷰티 상권의 영향도 받고 있다. 논현역은 안과, 피부과, 성형외과 등 K-뷰티 병원뿐 아니라 한방병원, 척추전문병원, 동물병원 등 다양한 일반 병원까지 합세하는 모양새다. 신사역과 강남역 사거리의 오피스와 병원 등 넘치는 수요를 받아주는 배후 역할을 하고 있으니 확장성 면에서 상당히 유리한 입지다.

경부고속도로 지하화 혜택의 최고 수혜자

논현역에서 눈여겨봐야 할 곳은 영동전통시장과 연결되어 있는 논현동 먹자골목이다. 일반 오피스 상권, 병원 상권, 상점과 음식점 등 근생 상권이 혼재되어 있고 유입 인구가 많아 논현역 블록에서 가장 유망한 투자처로 꼽힌다. 먹자골목과 인접한 논현동 가구 거리 역시 강남의 전통 투자처로 오랫동안 인기를 누렸다. 최근 주춤하고 있는 것은 사실이지만 입지 특성상 지속적으로 관심을 갖고 지켜봐야 할 중요 상권이다.

경부고속도로 맞은편에 위치하고 있는 반포동 지역은 다소 특이한 성격을 지닌다. 빌라 등 다세대주택이 많은 노후 주거지역으로, 개발이 시급하다. 강남권에서 가장 낙후되어 있는 이 지역이 경부고속도로 지하화 혜택을 고스란히 누리는 강남권 알짜 투자처로 바뀌어 꼬마 건물 투자는 물론이고 강남 거주를 목적으로 한 주거 투자처로도 적극 추천할 만하다.

1블록 논현동 먹자골목 방면

논현역에서 가장 유망한 투자 지역은 영동시장 인근이다. 논현초등학교 앞길을 시작으로 블록 전체가 365일 먹자 상권이 조성되고 있으며, 상권이 계속 확장 중이라는 것이 포인트다. 땅값 역시 꾸준히 오르고 있어 골목 안쪽 이면 도로변 건물이 현재 평당 1억 5000만원을 넘고 있다.

분위기는 다소 어수선하지만 음식점, 술집, 상점이 뒤섞여 있어 평일, 휴일 가리지 않고 밤낮으로 사람들이 붐빈다. 대표적인 365일 상권이다. 전통시장이 섞이면서 왁자지껄한 먹자골목 분위기가 나는데, 이런 점이 MZ세대에 어필하고 있다. 가격이 비싸지 않은 퓨전 스타일 음식점과 술집 등이 점점 더 젊은 층에 인기가 높아지고 있어 확장성은 최고다. 신분당선 개통 호재 덕에 인구 유입이 늘면서 그 덕을 톡톡히 보고 있는 것이다.

건물 투자처로는 영동시장 쪽 신논현역 라인 이면을 추천할 만하다. 적당한 가격대의 건물이 나오면 적극적으로 살펴볼 필요가 있는데, 용도 지구를 꼭 확인해야 한다. 2종일반주거지역은 건물을 높이는 데 한계가 있으므로 3종일반주거지역에 투자해야 한다.

상권 또한 계속 확장되고 있기 때문에 임대 조건이 아주 좋다.

논현동 먹자골목

하루 100명이 지나다니는 길과 1000명이 지나다니는 길은 엄연히 가치가 다르므로 그에 걸맞은 임대료를 받을 수 있다. 임차인은 나중에 권리금을 받을 수 있는 지역이면 임대료가 비싸도 감당하려고 한다. 권리금이 높으면 건물주도 자연스럽게 임대료를 올릴 수 있으니 서로 윈윈하는 구조다.

2블록 논현동 가구 거리

논현역과 학동역 사이 대로변에 조성되어 있는 논현동 가구 거리는 대부분 수입 가구점, 명품 가구점 중심으로 상권이 형성되어 있어 가구 하나에 수천만 원을 호가하는 경우가 많다. 판매하는 물건의 객단가가 높으니 건물 임대료도 높다. 과거 화려했던 시절을 지나 지금은 상권이 침체기에 접어들었지만 강남 요지, 지하철 역세권이라는 입지적 장점으로 건물 투자자들에게 항상 관심의 대상이다.

땅값은 강남 지역에서도 상당히 비싼 편인데, 상업지가 아닌 3종일반주거지역임에도 평당 2억원 중후반을 웃돈다. 용적률 250%를 적용받기 때문에 건물 층수를 최대한 높여도 6~7층 정도가 한계다. 덩치 큰 가구를 전시해야 하니 1층 면적이 좁으면 임대가 쉽지 않아 3~4층 규모로 지어진 건물도 많다.

이 지역 건물을 소유한 사람 중에는 자산가가 많다. 대출 없이 수백억 원짜리 건물을 갖고 있어 금리 상승에 별 영향을 받지 않는다. 건물을 매도할 때도 급할 게 없으니 조건이 맞지 않으면 "안 판다"라고 주도권을 쥔다. 일반 건물 투자자가 접근하기 쉽지 않은 지역이라는 말이다. 건물값은 비싼데 사기도 어렵고, 수익률을 만들어내기는 더더욱 어렵다. 논현동 가구 거리 대로변 건물에 관심 있는 투자자라면 예의 주시하며 때를 기다리다가 적당한 시기가 오면 그때 투자하는 것이 맞다.

논현동 가구 거리를 지금처럼 놔두기는 힘들다는 의견이 나오고 있다. 강남권 요지의 땅인 데다 트렌드를 만들어내는 힘이 있으므로 어떻게든 상권을 활성화시킬 것이라는 얘기다. 요즘 트렌드에 맞게 변모시켜 MZ세대에게 어필할 수 있는 거리로 조성할 수도 있다. 지금 당장은 투자 적합 지역이 아니지만 기다리면 기회를 잡을 수 있는 곳이 논현동 가구 거리다.

북쪽은 대로변을 제외하면 특별할 것이 없다. 고저 차가 있는 경사로로 위쪽으로 올라갈수록 경사가 심해지는데, 안쪽에는 고가

논현동 가구 거리

주택과 고급 빌라가 즐비하다. 연예인을 비롯한 유명 인사들이 많이 살고 있으며, 이명박 전 대통령의 사저도 이곳에 있었다. 이곳의 대표적 고급 주거 빌라인 '알파임하우스 II'는 현재 호가 60억원을 형성하고 있다.

3블록 반포 방면

논현역에서 땅값이 가장 싼 지역으로, 신논현역과 가까운 이면 도로는 이미 건물이 많이 들어섰다. 지역 전체적으로 고저 차가 완만한 경사지이며, 소형 빌라와 다세대주택이 대부분인 슬럼화된 주거지역이다. 과거 유흥업소 종사자가 많이 거주했으며, 원룸과 다세대 등의 지분 쪼개기가 많이 이뤄진 곳이기도 하다.

이곳도 상상력이 필요한데, 왼쪽의 경부고속도로가 지하화되고 지상부가 공원으로 바뀌는 것을 머릿속에 그려야 한다. 현재 고속도로 반대편에는 서울에서 가장 비싼 아파트 중 하나인 반포 자이가 있다. 고속도로를 경계로 한쪽은 고가 아파트가, 반대쪽에는 슬럼화된 빌라촌이 자리한 모양새다. 고속도로가 사라지고 녹지로 두 지역이 연결된다면 현재의 극명한 지역 간 수준 차이가 해소된다. 양쪽이 한 지역으로 묶일 경우 쾌적한 동네로 만들어야 비싼 아파트값을 유지할 수 있다. 어떤 방식으로든 반포동 슬럼화 지역에 재개발 압력이 거세질 것이 틀림없다. 장기적으로는 향후 재정비 촉진지구 등 재개발 가능성을 염두에 둬야 한다.

강남에 집을 장만하고 싶은데 집값이 너무 부담스러워 못 들어가고 있는 주거 투자자라면 이곳을 노려야 한다. 가격이 워낙 저렴하기 때문이다. 투자금이 많지 않아도 구매 가능하며, 시간을 버틸 수만 있다면 강남 요지의 쾌적한 아파트 입성을 꿈꿀 수 있다. 꼬마 건물 투자자에게도 매력적이다. 장기 투자의 관점에서, 투자와 주거를 겸할 수 있는 빌라 매입 후 용도변경을 통해 투자 수익을 높일 수 있다.

이곳은 7호선과 신분당선 논현역, 9호선 신논현역을 이용할 수 있는 트리플 역세권으로, 재개발이 된다면 최고의 교통 조건을 갖춘 강남 고급 주거지로 탈바꿈할 곳이다. 잠원동 쪽과 비교하면 상대적으로 투자 매력도가 훨씬 높다.

영동시장 먹자골목 쪽은 투자하기에 가장 매력적이지만 돈이 많이 필요하다. 반면 반포동 지역은 투자금이 적어도 상가주택 등 근생 건물 투자를 노려볼 수 있다. 논현동 가구 거리는 시간을 두고 기다렸다가 투자해야 할 곳으로, 투자금이 너무 많이 들어가 일반인은 접근하기 어렵다. 북쪽의 잠원동 지역은 대로변 오피스 건물 투자는 가능하지만 이면으로 들어가면 투자처가 마땅치 않다. 이렇듯 지역별 각각의 특성을 살펴보고 자신에 맞는 건물 투자처를 물색해야 하는데, 자금이 별로 없는 꼬마 건물 투자자라면 반포동 지역이 제격이다.

핵심 블록 탐구 03

곳곳에 개발 호재가 넘쳐나는 알짜배기

삼성동의 숨은 보물, 봉은사역~종합운동장

일대를 통틀어 가장 매력적인 투자처로 꼽을 수 있다. 봉은사역 삼성동 블록은 서울의료원 부지가 공원화되면 더없이 쾌적한 환경이 조성될 것이며, 코엑스 맞은편에는 현대자동차그룹의 글로벌비즈니스센터(GBC)가 한창 공사 중으로 2028년 완공 예정이다. 가히 강남에서 최첨단 고급 오피스 지역이 탄생하는 것은 시간문제인 셈이다.

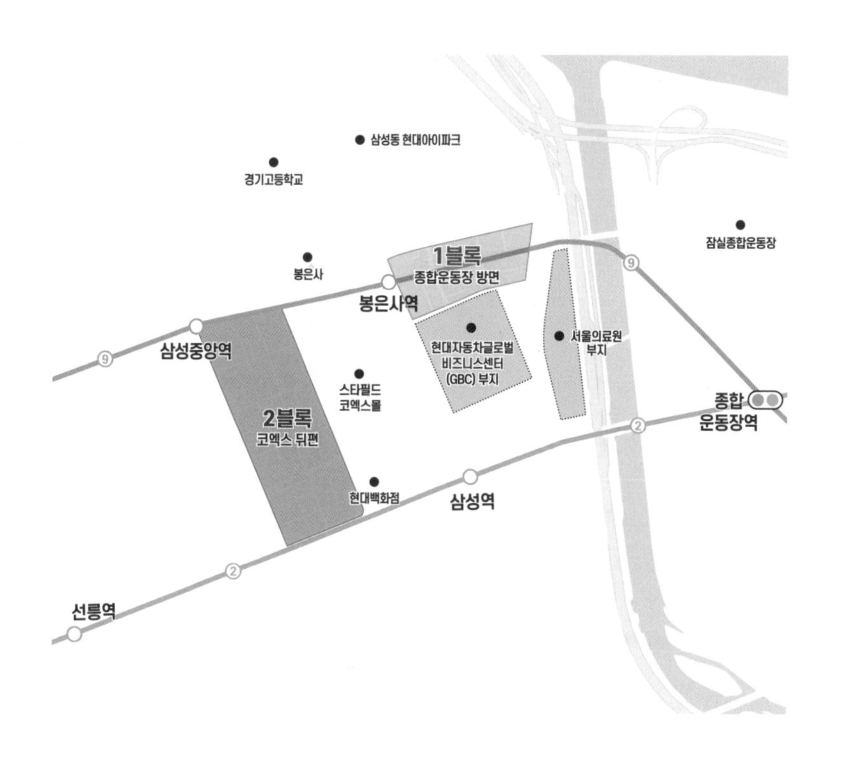

국제교류복합지구 예시도

출처 서울시

9호선 봉은사역 사거리에서 종합운동장 방면으로 이어지는 대로변은 삼성동과 봉은사역 일대를 통틀어 가장 매력적인 투자처다. 곳곳에 개발 호재가 넘쳐나는데, 특히 삼성동 현대아이파크타워 뒤편 주택가 블록을 유심히 살펴볼 필요가 있다. 잠실종합운동장이 코앞으로, 향후 잠실종합운동장과 서울의료원 부지가 공원화되고 탄천과 연결되면 인근 정주 환경이 좋아진다. 쾌적한 환경과 입지 덕에 삼성동 봉은사역 인근에서 가장 좋은 블록이 될 수 있다. 구입해 두면 절대 떨어질 일 없는, 호재가 풍부하고 미래 가치가 확실한 알짜배기 땅이다.

코엑스 맞은편에는 현대자동차그룹의 글로벌비즈니스센터(Global Business Center), 흔히 GBC라고 부르는 개발 부지가 있다. 지금 한창 공사 중이며, 2028년 완공 예정이다. GBC가 완공되면 호텔과 쇼핑몰, 공연장 등 복합 시설이 들어오고, 여기에 잠실운동장 일대의 서울시 국제교류복합지구인 마이스 개발계획이 더해진다. 이렇게 되면 코엑스 일대와 삼성동 봉은사역 인근은 말 그대로 천지개벽을 한다. 강남에서 최첨단 고급 오피스 지역이 탄생하는 것은 시간문제다.

1블록 종합운동장 방면

이곳에서 눈여겨봐야 할 역세권은 2호선 삼성역과 9호선 봉은사역 두 곳이다. 강남은 블록별로 지하철이 들어와 있어 걸어서 이동이 가능한데, 삼성역에서 봉은사역 역시 걸어갈 수 있을 만큼 가깝다. 지하철 역세권으로 보면 하나로 묶이지만, 투자 측면에서 삼성역과 봉은사역은 성격과 분위기가 다르다.

확장성은 봉은사역 쪽이 훨씬 크다. GBC와 마이스 관련 개발 호재 때문이기도 하지만, 주변에 개발 여지가 많은 땅이 아직 남아 있다. 반면 삼성역 인근에는 개발할 땅이 없다. 유명 사찰인 봉은사와 경기고등학교가 이전할지 아직은 알 수 없으나 뒤쪽 주거 단지는 개발 가능성이 높다. 이곳은 전용주거지역이라 개발이 거의 불가능했다. 2종전용주거지역은 용적률 150%를 적용받기 때문에 2층 혹은 3층 빌라밖에 지을 수 없다. 만약 이 땅이 2종일반주거지역이나 3종일반주거지역으로 종이 상향되거나 지구단위계획에 묶여 오피스 존이 형성되면 그야말로 '대박'이 나는 것이다. 아직까지 전용주거지역이라 땅값이 상대적으로 저렴하다는 것도 큰 매력이다.

주변과 비교해 왜 이곳을 1종전용주거지역으로 묶어두었는지 의아스럽다는 반응이 많다. 엎어지면 코 닿을 곳에 복합 업무 시설인 GBC가 들어오고, 맞은편에는 코엑스와 스타필드라는 대형 쇼핑몰이 자리하는 복합 업무 지역인데, 이곳이 1종전용주거지역이라는 건 말이 안 된다는 논리다. 만약 용도지구 변경이나 개발계획이 수립되면 봉은사역 인근은 단숨에 금싸라기 땅으로 변한다.

봉은사 뒤쪽 삼성동 지역은 평당 2억원을 시작으로 도로 전면 대부분이 3억원을 넘어섰다. 현대아이파크타워 뒤쪽은 이미 4억원대에 진입했다. 안타깝게도 봉은사역 주변으로 일반 투자자가 접근 가능한 가격대의 건물은 대략 50동 남짓 남았으며, 희소성이 높다. 2028년 GBC가 들어오면 주변으로 오피스 수요가 폭증할 것으로 예측되며, 건물 가격은 더 높아질 수 있다. 투자자라면 봉은사역 주변을 노려 할 수만 있다면 시기와 상관없이 투자하는 것이 맞다. 이곳은 건물 수익률을 기대하기보다 장기적 입지 가치와 희소가치를 봐야 한다. 미래 가치가 풍부한 땅으로, 개발이 완성되면 상상하는 것이 무엇이든 가치는 그 이상이 될 것이다.

2블록 코엑스 뒤편

코엑스와 현대백화점 뒤편은 역세권이라고 하기에는 애매하다. 지하철 2호선을 타고 삼성역에서 내려 이곳으로 오는 보도 이용자들에게 특히 그렇다. 지하철역에서 걸어가기에는 멀고, 교통편을 이용하기에는 너무 가깝다. 도보 접근이 불편해 오피스 거리가 만들어지기도, 근생 상권이 활성화되기도 쉽지 않다. 현재 이곳에 상권이 유지되고 있으나 시간이 갈수록 축소되고 있다.

최근에는 객단가 높고 퀄리티 있는 상점이 하나둘 들어오고 있어 상권의 변화가 감지된다. 하지만 퀄리티가 높아졌다고 해도 청담동이나 도산대로 인근 상권과 경쟁하기는 쉽지 않다. 비슷한 가격대라면 소비자들이 굳이 이곳까지 찾아올 이유가 없기 때문이다. 이곳에서 강점으로 내세워야 할 것은 트렌디하고 값비싼 식당이 아니라 대중적인 맛집이다. 대부분 소비자는 인근 오피스에서 일하는 직장인들로, 친근한 분위기의 포장마차가 더 선호되는 입지다. 따라서 코엑스 뒤쪽은 도보 접근이 불편하고 상권의 특징이 모호하며, 계속해서 축소되고 있다는 점에서 건물 투자를 할 때 조심해야 하는 지역이다.

세택 복합개발 추진 계획(2018년)

출처 서울시

끝으로 세텍 부지 개발을 앞두고 있는 학여울역 인근 지역도 눈여겨볼 것을 권한다. 강남에 개발할 땅이 남아 있다는 것 자체가 긍정적인데, 이곳에 호텔과 전시장을 비롯한 다목적 행정문화복합타운이 조성되면 미래 가치도 날개를 달 수 있다.

서울시가 학여울역 세텍 부지를 마이스 산업 중심지와 행정문화복합타운으로 개발하려는 구체적인 계획에 착수했다. 이에 따르면 세텍 부지는 인근 잠실 국제교류복합지구, 2028년 가시화될 GBC 등 서울 동남권의 대규모 마이스 시설과도 연계된다. 여기에 더해 인근을 행정문화 시설 등 다양한 기능을 담당하는 복합타운으로 조성한다는 계획도 추가했다. 세텍 부지 뒤로 양재천이 흐르고 앞쪽으로는 아파트 단지가 조성되어 있는 현재의 부지 특성을 고려한 것이다. 관련 안건은 최근 검토 용역에 착수한 상태다.

빌딩의 신 유튜브 영상이 궁금하다면? QR코드를 스캔하세요.

TIP

지하철 3호선 학여울역 인근 세텍 부지

출처 강남구

6000억원 보상받은 학여울역 토지

학여울역 인근에 국가 공공시설로 사용 중인 땅이 있었다. 이곳이 부모님의 땅이라고 주장한 후손이 나타났고, 서울시를 상대로 소송을 벌여 6000억원의 보상금을 받았다.
사건은 일제강점기로 거슬러 올라간다. 당시 이곳은 경기도 광주시 대치리에 속한 필지로, 일제강점기에 진행된 토지조사서를 통해 원소유주를 확인할 수 있었다. 1970년대 들어와서 환지 방식으로 택지를 개발했고, 원소유주에게 환지분을 되돌려주려 했으나 6·25전쟁으로 소유주도 사망하고 후손도 찾을 수 없었다. 토지 소유권자를 찾지 못한 서울시는 보존등기를 통해 이 땅을 사용해 왔다.
후손은 어떻게 이곳이 부모의 땅이라는 것을 알았을까? 그는 '한국조상땅찾기서비스'를 통해 이 같은 사실을 확인했고, 변호사의 도움으로 소송을 진행할 수 있었다. 학여울역 사거리 땅은 공시지가 6000억원에 달할 만큼 알짜 땅이었다. 후손은 보상금을 받아 30%를 기부하는 것으로 자신의 뒤늦은 행운에 보답했다.
굴곡진 대한민국의 근현대사 흐름에서 생겨난 '눈먼 땅'이 생각보다 많다는 것이 업계의 전언이다. 조상 땅을 찾기 위한 서비스업체가 많아지면서 앞으로 이런 사례는 더욱 늘어날 것으로 보인다.

핵심 블록 탐구 04

소비력 높은 MZ세대 아지트

압구정로데오거리와 강남을지병원 사거리

최근 상권이 살아나며 MZ세대의 핫 플레이스로 떠오른 압구정로데오거리는 청담동이나 도산대로와 연결되면서 고급 상권으로 거듭나고 있다. 여기에 최고가 명품 매장과 트렌드가 집결하는 도산대로는 2027년 강남을지병원 사거리에 경전철인 위례신사선이 개통되면 대중교통 접근성이 개선되면서 상권도 조금씩 변화를 겪게 될 것으로 전망한다.

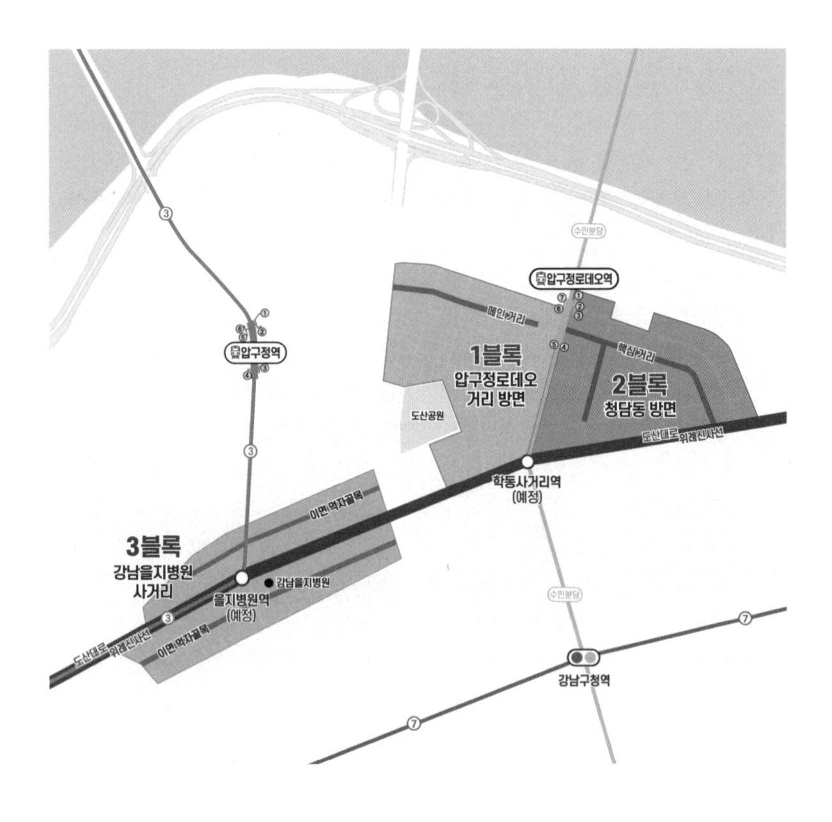

압구정로데오거리는 오랫동안 침체기에 빠졌으나 상가번영회의 임대료 낮추기 운동으로 조금씩 상권이 되살아나고 있다. 압구정로데오거리는 MZ세대가 즐겨 찾는 곳으로, 강남역 사거리와 비교된다. 강남역 사거리가 경기도를 오가는 젊은 대중교통 이용객에게 인기 있다면, 압구정로데오거리는 자가용 이용자가 주로 찾는다. 강남역 음식점이 1인당 3만원 수준의 객단가라면, 이곳은 7만~8만원 정도로 두 배 이상 높다. 상권 성격은 물론 유입되는 소비자 성격이 그만큼 다르다고 볼 수 있다. 또한 청담동이나 도산대로와 연결되면서 고급 퀄리티의 상권으로 거듭나고 있다.

강남을지병원 사거리 방면 도산대로는 대한민국 최고가 제품과 매장, 트렌드가 몰려드는 곳이다. 사람들이 북적이는 것을 싫어하며 거리 분위기는 호젓한 편이다. 일반적인 의미에서 상권은 사람이 많이 몰려들수록 좋다고 해석하는데, 이곳은 그와 정반대로 사람이 없을수록 가치가 높다. 한 달에 물건 한두 개만 팔아도 유지되는 고가 매장이 주로 몰려 있기 때문이다. 강남을지병원 사거리는 2027년 경전철인 위례신사선 역이 연결될 예정으로, 지하철 불모지라는 오명에서 벗어나게 된다. 대중교통 접근성이 개선되면서 이곳 상권도 조금씩 변화를 겪게 될 것이다. 각 블록의 보다 자세한 내용을 살펴보자.

1블록 압구정로데오거리 방면

이곳은 지하철 3호선 압구정역 상권, 도산대로 상권과 연결해 살펴봐야 한다. 세 블록은 서로 비슷한 영향권 아래 놓여 있어 서로 주거니 받거니 한다. 최근 로데오거리가 되살아나면서 압구정역 상권이 조금씩 쇠퇴하고 있다. 한쪽이 좋아지면 다른 한쪽은 빠져나가는 관계다.

지하철역이 압구정역 상권과 압구정로데오역 상권을 갈라놓는 결정적 역할을 하고 있다. 서울 지하철이 1·2·3·4호선만 다니던 시절만 해도 3호선은 고급 라인으로 통했다. 특히 도곡동, 잠원동, 반포동을 지나 충무로로 넘어가는 과정에서 이용객 분위기도 달라졌으며, 압구정역은 정점을 찍었다. 하지만 지하철 9호선이 등장하고

압구정로데오거리

신분당선이 개통하면서 3호선과 압구정역의 영광은 조금씩 희미해져갔다.

압구정로데오역 개통은 로데오거리 상권 부활의 신호탄이 되어주었다. 로데오거리는 오렌지족이 유행하던 시절부터 오랫동안 번성해 왔으나 건물 임대료가 치솟아 상권이 약화했고, 코로나19가 겹치면서 공실이 많이 발생했다. 상권이 다시 살아나기 시작한 것은 불과 1년 남짓 한 일로, 계기는 두 가지다. 첫째, 공실이 생긴 후 이곳에 새롭게 둥지를 튼 임차인들이 트렌디한 콘텐츠를 들고 들어왔다. 덕분에 MZ세대가 좋아할 만한 음식점과 상점 위주로 거리가 재편될 수 있었다. 둘째, 공실이 많아지자 건물주들이 임대료를 낮추는 데 동의했다. 임차인 입장에서는 임대료 부담이 적어지니 입성이 쉬워진다. 이렇게 다양한 요인이 맞물리면서 로데오거리 상권이 기사회생할 수 있었다.

카페 골목과 로데오거리 이면 도로의 건물 가치도 동반 상승하면서 건물 투자에 유리한 조건이 다시 만들어지고 있다. 특히 압구정로데오역 6번 출구의 구분 상가 건물을 예의 주시해야 한다. 건물을 통으로 구입하기보다 구분 상가를 하나씩 사들여 대지 지분을 확보하는 쪽이 건물 투자 비용 면에서 적게 든다. 향후 미래 가치를 볼 때 길 건너 압구정 현대아파트가 재건축되면 이곳은 또다시 트렌드의 핵심지로 부상하게 된다. 구분 상가 투자로 수익을 극대화할 수 있으므로 투자자라면 완성된 통건물을 매입하기보다는 구분 상가 건물을 매입해 재개발하는 것에 관심을 가져보자.

Youtube

2블록 청담동 방면

청담동은 일반적인 부동산 이론으로 설명하기 힘든 매우 특이한 지역이다. 안쪽 골목이 평당 2억원을 호가하는데, 유동 인구가 많은 것도 아니고 상권이 활성화된 것도 아닌데 입지 대비 이렇게 비싼 땅은 대한민국에서 청담동 말고는 찾기 힘들다.

이곳의 높은 땅값은 '명품 거리'로 불리는 이미지와 관련이 높다. 강남이 '그들만의 리그'라면, 청담동은 그중에서도 극상위권 리그다. 청담동에 사는 사람들을 포함해 고액 자산가와 자본가, 거물 정치인과 관료, 연예인과 패션 피플, 엔터테인먼트 종사자 등이 몰려와 만든 고급 놀이터가 바로 청담동이다. 명품 브랜드 플래그 숍과 패션 편집숍, 디자이너 부티크와 미쉐린 스타 레스토랑, 갤러리와 카페, 헤어 숍이 즐비하며 건물도 예쁘고 깔끔하다. 이곳은 임대료나 수익률을 보고 투자하는 지역이 아닌, 가치에 투자하는 곳이기 때문에 건물이 아무리 비싸도 기꺼이 그 값을 치르는 특성이 있다. 일반적인 부동산 투자 이론으로는 설명하기 힘든 땅값 구조를 지녔으며, 여간해서는 떨어지지 않는다.

마주 보는 압구정동 일대 아파트는 재건축이 끝나는 동시에 대한민국 최고가 아파트 타이틀을 가져갈 곳이다. 국내에서 가장 비싼 아파트 단지를 품게 될 청담동의 미래 가치는 논한다는 것 자체가 어불성설이다. 이곳에 부동산을 소유하고 있다면, 그게 무엇이든 그 사람은 부자다. 아무나 들어갈 수 없고 아무나 살 수 없는 지역, 그곳이 바로 청담동이다.

3블록 강남을지병원 사거리 방면

강남을지병원 사거리는 압구정역에서 직선으로 연결된다. 지금은 지하철역이 없어 도보로 접근하기 쉽지 않지만 2027년 위례신사선 을지병원역 개통이라는 호재가 등장했다. 경전철이기는 하지만 지하철 역세권이 되면 기존 분위기를 탈피해 새로운 거점으로 급부상할 수 있다.

강남을지병원 사거리가 역세권이 되면 압구정역의 상권을 빨아들일 가능성이 높다. 원래 압구정역은 K-뷰티의 원조다. 성형외과, 피부과 등이 몰려들어 오랫동안 번성했으나 지금은 메인 상권을 신사동에 내주었다. 압구정동의 K-뷰티를 흡수한 신사동은 강남을지병원 사거리와 무척 가깝다.

압구정역 사거리 위로 지나가는 고가도로도 문제다. 건물 컨설팅을 할 때 고가도로 옆과 지하도 옆 건물은 추천하지 않는다. 같은 건물이라도 접근성과 가시성이 매우 떨어지기 때문이다. 압구정 고가도로는 이곳을 찾는 사람들에게 지역이 어둡고 불편하다는 인상을 준다. 그 대안이 될 수 있는 곳이 강남을지병원 사거리로, 이곳은 시야가 뻥 뚫려 있어 쾌적하고 시원하며, 넓은 입지에 교통 연결성도 좋다.

지금까지 사람들이 지하철을 이용해 압구정동에서 먹고 놀고 소비했다면 향후에는 강남을지병원 사거리로 이동할 확률이 높다. 특히 옥수동 등 강북에서 3호선을 타고 넘어오는 소비 인구가 더해지면 상권은 폭발력을 지닐 것이다. 다행히 신사동과 비교하면 이곳 땅값은 무척 싼 편이다. 투자하기에 지금이 적기다.

미래 가치를 놓고 본다면 강남을지병원 사거리만큼 풍부한 호재를 갖춘 지역도 드물다. 도산대로 쪽에 형성된 고급스러운 상권의 영향을 받아 상권 퀄리티도 계속 업그레이드될 수 있다. 이곳 역시 배후 지역에 대한민국 상위 0.1%가 산다. 강남에서 가장 고퀄리티 거주민과 트렌드를 끌어 안을 수 있다는 면에서 건물 투자 최적의 장소다.

TIP

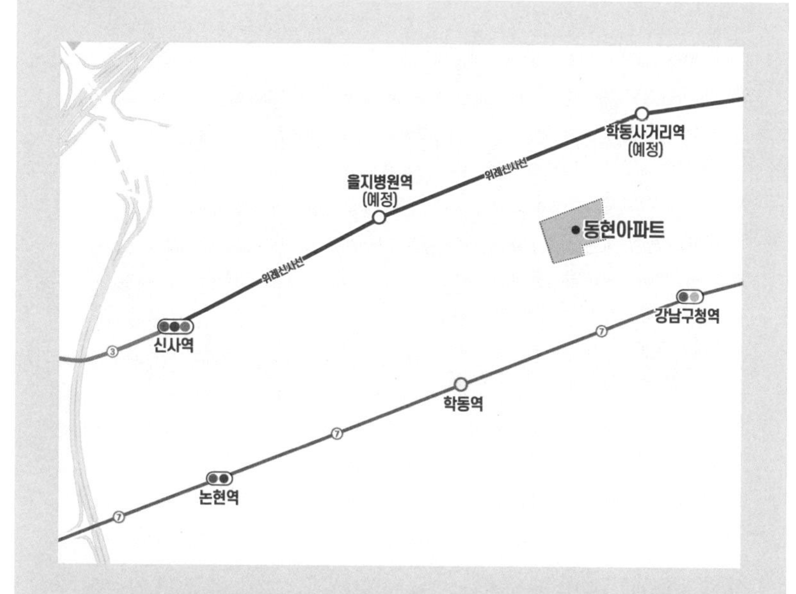

도산대로 혜택 고스란히 받는 아파트는 어디?

2027년 개통 예정인 위례신사선 학동사거리역과 을지병원역 인근 입지를 살펴보면 중간 지점에 위치한 동현아파트가 눈에 들어온다. 서울본부세관을 정면으로 마주하고 있는 이 아파트는 원래 두산사원아파트였던 곳으로, 대형 평형 위주의 대단지 아파트다. 흔히 압구정 현대아파트에 투자하고 싶어 하지만 투자 가치 면에서는 동현아파트가 더 좋아 보인다. 1986년에 준공되었으므로 조만간 재건축으로 이어질 수 있기 때문이다. 7호선 강남구청역이 가깝고, 위례신사선이 개통하면 학동사거리역과 을지병원역까지 역세권으로 거느릴 수 있는 요지의 아파트다. 강남 아파트 투자에 관심 있다면 동현아파트를 눈여겨보자.

Youtube

빌딩의 신 유튜브 영상이 궁금하다면? QR코드를 스캔하세요.

핵심 블록 탐구 05

대한민국 사교육 일번지의 위상
불황에도 끄떡없는 은마아파트 사거리

아무리 소비가 위축되어도 꺼지지 않는 교육열. 그 혜택을 고스란히 누리는 곳이 바로 대치동 은마아파트 사거리 일대다. 일반 단과 학원을 비롯해 재수 학원, 예체능 학원 등 다양한 학원이 몰려 있어 대로변은 물론이고 이면 골목의 임대료까지 강남 일반 상권 중에서도 최고 수준에 이른다. 당연히 골목 이면으로 들어가도 건물 가격은 떨어지지 않는다.

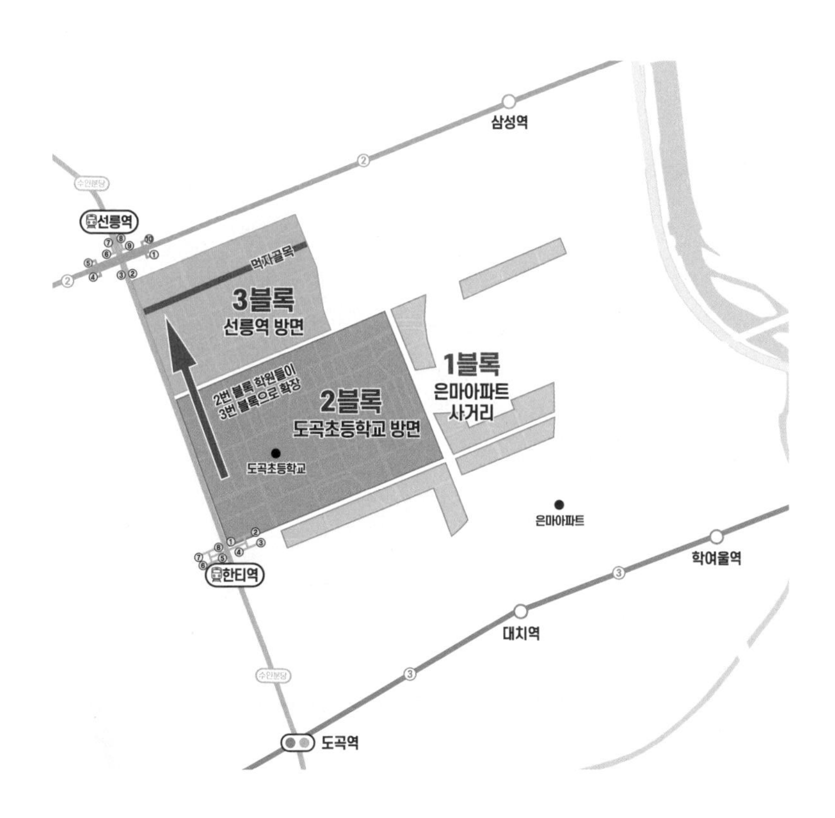

은마아파트 사거리는 대한민국 사교육 일번지로, 365일 불이 꺼지지 않는 인기 상권이다. 건물 투자할 때 학원 상권은 최고의 투자처다. 불황으로 소비가 위축되어도 교육비를 줄이는 경우는 거의 없다. 교육열 높은 우리나라 사람들의 특성이므로 이 문화가 바뀌지 않는 한 학원가는 불경기에도 끄떡없다.

최근 대학입시에서 재수가 트렌드가 되면서 대치동 학원가도 최전성기를 누리고 있다. 강남권에서는 고등학교 졸업생의 70%가 재수를 할 만큼 재수 광풍이 불고 있다. 현재 은마아파트 사거리 상권은 이런 대입 시스템의 혜택을 고스란히 누리고 있으며, 대치동은 향후 10년간 흔들리지 않을 상권으로 꼽힌다.

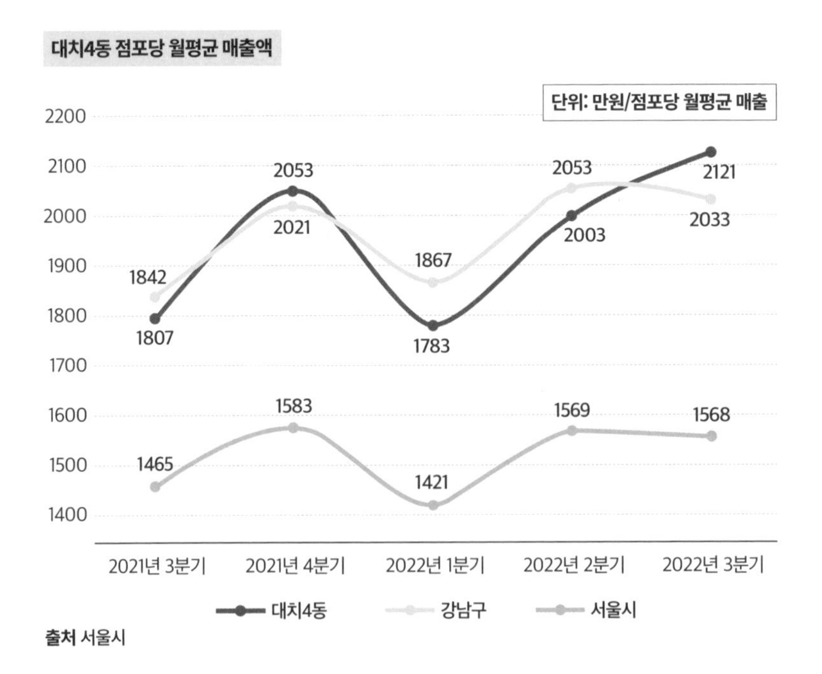

출처 서울시

Youtube

빌딩의 신 유튜브 영상이 궁금하다면? QR코드를 스캔하세요.

1블록 은마아파트 사거리

대치동 학원가의 중심축이 이동했다. 과거에는 지하철 3호선 대치역 사거리를 중심으로 학원가가 밀집해 있었다. 하지만 래미안대치팰리스를 중심으로 대치SK뷰, 동부센트레빌, 대치아이파크 주변 아파트가 대부분 재건축되면서 학원이 들어갈 곳이 사라졌다. 한티역에서 은마아파트 사거리 대로변을 중심으로 학원가가 이동하면서 은마아파트 사거리가 다시 한번 뜨거워지고 있다.

대치동 학원가는 다른 곳에서 볼 수 없는 낯선 광경을 연출한다. 평일은 물론이고 토요일, 일요일에도 아침 9시 전후와 밤 10시 전후 인근 도로가 꽉 막힌다. 아이를 내려주거나 픽업하는 자동차가 도로의 3분의 2를 점령한 것인데, 이런 정체 현상이 일상적으로 벌어지고 있다.

대치동 학원을 이용하는 학생 수는 8만~10만 명으로 추산된다. 중복 수가 포함되었으니 실제 학생 수는 이보다 적겠지만 전국에서 몰려드는 학생들로 대치동은 늘 발 디딜 틈이 없다. 강남에 사는 학생뿐 아니라 서초, 성수, 옥수, 잠실, 분당, 판교 등지에서 통학하는 것은 물론 주말에는 부산, 대구, 광주, 대전 등지에서 기차를 타고 호텔에 숙식하며 수강하는 학생도 많다. 대치동은 전국의 교육열 높은 부모와 학생들을 빨아들이는 블랙홀이다.

소비 수준도 큰 차이를 보이기 시작했다. 대치동은 일반 단과 학원을 비롯해 재수 학원, 예체능 학원 등 다양한 학원이 몰려 있다. 학원비가 한 명당 200만~300만원은 기본이고, 이보다 더 높은 경우도 허다하다. 평범한 월급쟁이 수입으로는 감당하기 힘들어졌으며, 강남에서도 돈 있는 사람들이 모여든다. 소비력이 높아지면

서 객단가도 오르고 매출도 늘고 있다. 건물 임대료도 높다. 현재 이면 골목 임대료가 평당 10만~12만원이다. 강동구나 은평구의 대로변 역세권보다 비싼 편이며, 강남 일반 상권 중에서도 최고 수준이라 할 수 있다.

은마아파트 사거리에서 한티역 대로변은 3종일반주거지역임에도 평당 2억원을 넘어섰다. 코너의 가시성 좋은 건물은 훨씬 비싸게 팔린다. 이면 골목으로 들어가도 건물 가격은 떨어지지 않는다. 이곳은 들끓는 학원 수요에 비해 공급이 모자라 건물 가격이 계속 오를 수밖에 없다. 대로변 건물 투자는 시기와 상관없이 언제든 투자해도 좋다.

2블록 도곡초등학교 방면

대치동에서 꼬마 건물 투자 핫 플레이스는 2블록이다. 은마아파트 사거리는 학원이 이미 포화 상태라 주변으로 계속 확장될 수밖에 없다. 현재 가장 활발하게 재개발되는 곳이 도곡초등학교 인근이다. 대로변에서 시작해 이면 도로로 옮겨가고, 이곳이 다 차면 다시 이면, 이면의 이면으로 계속 확장하는 식이다. 어느새 인근 지역이 모두 학원 상권으로 변한다. 도곡초등학교도 이런 과정을 겪고 있으며, 현재 중심부를 제외하고는 모두 재개발되어 학원 건물로 쓰이고 있다.

이곳에만 유일하게 아파트가 없다는 것도 장점이다. 아파트 단지가 크면 학원 건물이 들어설 자리가 없다. 하지만 빌라 주거지는

도곡초등학교 인근 학원가

학원 건물로 개발하기 쉽다. 도곡초등학교 주변은 온통 빌라 주거지다. 빌라는 꼬마 건물 투자자에게 최고의 투자처다. 주거용으로도 사용할 수 있으니 초기 비용이 덜 들고, 개발한 후에는 매매든 임대든 수요가 넘치기 때문에 수익 내기에도 좋다. 지금 이곳은 구축 빌라를 매입해 용도변경한 후 리모델링 혹은 신축하는 빌라가 곳곳에 많다. 평당 1억 6000만원에 매입한 후 공사 중인 건물의 호가가 순식간에 평당 2억원을 넘어서기도 한다.

이제는 학원을 넘어 학사까지 들어오고 있다. 재수 학원이 증가하고, 여름과 겨울 방학을 이용한 특강이 줄을 잇고, 지방에서 올라오는 학생이 많아 학사가 인기다. 학생들이 학사에서 먹고 자니 소비도 증가한다. 건물 수요는 넘치는데 공급이 부족하니 가격은 계속 우상향한다. 강남에서 꼬마 건물 투자하기에 이보다 더 좋은 곳을 찾긴 어렵다.

3블록 선릉역 방면

학원 성격도 지역에 따라 조금씩 다르다. 은마아파트 사거리와 도곡초등학교 주변으로 단과 입시학원이 집중된다면 선릉역 방면으로는 예체능 학원이 몰려 있다. 도곡초등학교 주변에 더 이상 들어갈 자리가 없어 선릉역으로 밀고 올라오는 형국이다. 이곳에는 미술, 음악, 체육 관련 입시생이 주로 모여든다.

원래도 선릉역 사거리는 강남에서 상권이 좋은 지역으로 꼽혔다. 테헤란로 대부분이 오피스 상권이라 주말에는 사람이 없는데, 선릉역은 예외다. 평일뿐 아니라 토요일과 일요일에도 선릉역 이용객이 많다. 주변의 학원, 웨딩 홀, 공유 오피스, 컨설팅업체를 찾는 사람들이다. 선릉역은 가산디지털단지역과 함께 서울에서 가장 유동 인구가 많은 곳으로 꼽히는데, 뒤쪽으로 먹자골목도 있어 1년 365일 활황이다.

선릉역 주변으로 학원가가 확장되면서 눈여겨봐야 할 곳이 지도에서 붉은색 화살표로 표시한 곳이다. 보통은 한 번쯤 꺾이거나 길이 휘어지기 마련인데, 강남에서 이렇게 길게 쭉 뻗은 골목길은 거의 찾기 힘들다. 이 직선 길 주변으로 학원과 음식점이 몰려들어 먹자골목을 형성하고 있다. 학원생, 직장인, 지방에서 올라와 호텔에 머무르는 가족 등 이용객은 차고 넘친다. 2년 전 평당 7000만원 주고 산 건물이 현재 1억 5000만원을 호가하고 있다. 선릉역 지역도 건물 투자하기에 더없이 좋은 입지다.

Point of View.

100년 입지,
강남의 위상

1970년대까지만 해도 서울의 핵심 지역은 강북에 몰려 있었다. 을지로와 종로, 영등포와 마포 등이 거점 도시로 활약했으며, 한강 남쪽에는 큰 관심을 두지 않았다. 하지만 우리나라가 근대화 과정을 거치며 새롭게 바뀌어가는 동안 강북 도심은 낡고 오래된 구도심으로 전락했다. 구시가지를 새로운 도시로 변모시키는 것은 무척 힘든 일이다. 기존 인프라를 한꺼번에 없애고 새롭게 개발하기에는 시간과 돈이 천문학적으로 들어간다. 구도심을 재개발하는 것보다 아직 개발되지 않은 땅에 새로 짓는 것이 훨씬 효율적이고 경제적이다. 이렇게 새로운 도시, 강남이 탄생하게 되었다.
1970년 경부고속도로가 완공되고, 강남 택지 개발이 시작되면서 아파트가 속속 들어섰다. 강북의 명문 고등학교가 강남으로 이전하면서 개발에 속도가 붙기 시작했다. 사람들이 점점 더 많이 유입되고 땅값이 상승하면서 기업, 관공서 등도 강남으로 이전해 왔다. 그 후 금융과 자본, 정치와 행정, 문화의 핵심 요지로 등극하면서 오늘날 대한민국의 최고 부촌인 강남의 개발사는 완성된다. 현재 강남은 인근 서초구, 송파구, 강동구 등으로 확장되어 '강남 4구'라고 불리며 범강남권의 외연을 지니게 됐다.

그런데 이쯤에서, 개발된 지 50년이 지난 강남이 앞으로도 계속 지금과 같은 인기를 구가할 수 있을지 궁금하다. 용산이 정비창을 중심으로 새롭게 개발되고, 광화문과 종로, 을지로 등의 구도심 재개발 구상이 드러나면서 서울의 중심축이 강남을 벗어날 수도 있다는 얘기가 나온다. 과연 강남 시대는 앞으로도 유효할까?

강남이 많이 노후화한 건 사실이다. 인프라도 낡았고, 무엇보다 땅이 한정되어 있다. 하지만 동시에 끊임없이 변모 중이다. 낡고 오래된 아파트들이 앞다퉈 재건축되고 있으며, 건물도 손바뀜이 일어날 때마다 레노베이션 혹은 신축을 통해 근사한 건물로 탈바꿈한다. 서울 도심 중에서 강남만큼 공사 현장이 많은 곳도 찾기 힘들다. 이는 앞서 지적한 것처럼 강남의 가치를 알아본 사람들이 계속 유입되면서 끊임없이 자본 투자가 이루어지고, 이는 다시 도시의 재생으로 연결되는 장면이다. 강남 곳곳에서 일어나는 이런 변화들은 도시가 정체되는 것을 막는다. 도시는 만들어진 후 40~50년이 지나면 노후화가 시작되는데, 강남은 특이하게도 이런 변신을 통해 계속 성장하고 있다.

각 지역이 특성에 맞게 다양한 역할을 하며 동반성장할 수 있음을 조심스레 예측해 볼 수 있다. 미국은 워싱턴이 행정수도 역할을 하고, 맨해튼은 경제수도 역할을 한다. 이를 우리나라에 대입해 보면 강남이 맨해튼처럼 경제수도 역할을 할 수도 있다. 이런 흐름으로 볼 때 강남의 생명력은 현재진행형인 동시에 미래진행형이다.

핵심 블록 01

트렌드의 메카 교보빌딩 vs. 국기원 블록

핵심 블록 02

일대 최고의 확장성 영동시장 먹자골목 vs. 반포동

핵심 블록 03

희비가 갈리는 삼성타운 vs. 역삼세무서 블록

핵심 블록 04

강남대로 유망주 뱅뱅 사거리 서초동 vs. 도곡동 블록

03 CHAPTER

문화와 트렌드의 집결지

강남대로

03

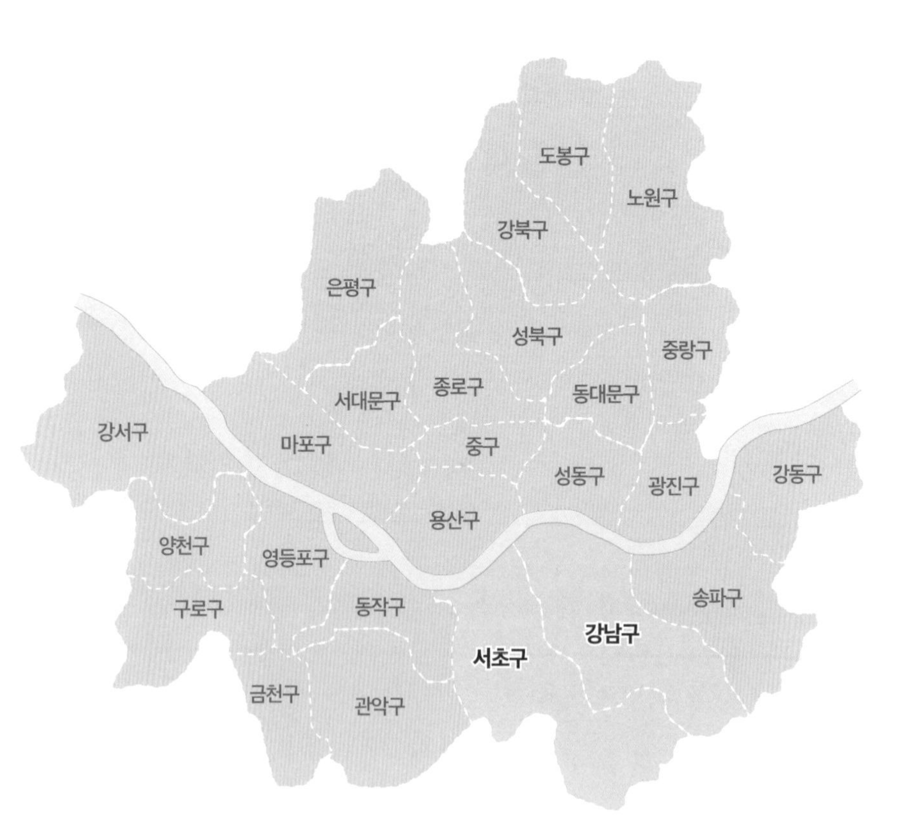

도봉구
노원구
강북구
은평구
성북구
중랑구
종로구
서대문구
동대문구
강서구
마포구
중구
성동구
광진구
강동구
용산구
양천구
영등포구
송파구
구로구
동작구
강남구
서초구
금천구
관악구

About Location.

강남대로

GANGNAM-DAERO

대한민국에서 가장 비싼 땅, 최고의 상권, 트렌드 집결지 등 어떤 요란한 수식어를 붙여도 어색하지 않은 곳. 강남의 상징이자 미래 상권의 중심지 강남대로를 따라가 보자.

한국이 신흥국을 벗어나 선진국 대열에 합류한 지 꽤 됐다. 이제는 경제뿐 아니라 문화 강국의 이미지도 갖게 됐는데, 그 문화와 트렌드의 중심에 강남대로가 있다. 강남대로는 10~20대를 중심으로 한 젊음의 광장인 동시에 K-팝, K-패션, K-뷰티, K-푸드 등 K-컬처의 집결지다. 최근 대학로와 인사동을 중심으로 전개되던 공연, 예술, 전시 분야도 점차 강남으로 넘어오면서 문화예술 생산기지 역할도 하고 있다.

강남대로를 비롯한 테헤란로는 삼성 사옥뿐 아니라 대형 금융사, 대기업, 공공기관, IT 회사가 몰려 있다. 21세기 대한민국을 이끌어갈 금융, 벤처 등 신산업군이 포진해 있는 것은 물론 한국 브레인들의 일터이자 놀이터이기도 하다. 주간에는 오피스 문화가, 야간에는 놀이 문화가 전개되며 24시간 경제활동이 일어난다.

이 모든 것을 가능하게 하는 것은 교통이다. 서울과 수도권 대부분의 대중교통 수단이 강남대로에 모인다. 지하철 2·3·7·9호선은 물론 최근 신분당선까지 개통해 막강한 지하철 라인을 구축했고, 인근의 위성도시를 연결하는 급행광역버스 노선 대부분이 강남대로를 통과한다. 이곳을 지나지 않으면 이용객이 줄기 때문에 강북이 목적지인 급행광역버스조차 강남대로를 거쳐 갈 정도다. 간선버스, 지하철, 급행광역버스, 일반 승용차 등 온갖 교통수단이 집결하면서 교통의 '헬게이트'라는 오명도 얻었지만 막대한 인구가 강남대로에 유입되면서 강남대로는 언제나 많은 사람으로 북적인다.

평당 7억원에 거래된 강남역 건물

강남대로 일대는 은행, 병원, 학원, 식당, 클럽, 패션 플래그십 스토어 등 다양한 업종이 뒤섞이며 거대한 근생 상권을 만들어내고 있다. 백화점이나 쇼핑몰 등 대형 쇼핑센터는 없지만, 각각의 개별 단위 상업 시설은 트렌드에 민감하게 반응하며 젊은 소비자를 끌어들인다. 강남대로에서도 핵심지로 꼽히는 강남역 사거리는 하루에 약 13만 명이 유입되는 막강한 상권을 자랑한다. 지금은 사라졌지만 2000년대 초반까지만 해도 뉴욕제과와 타워레코드는 만남의 장소로 유명했으며, 2019년 뉴욕제과 건물이 이지스자산운용에 평당 7억원에 팔리면서 대한민국에서 가장 비싼 땅값을 기록했다. 현재 신축 중인 이곳은 완공되면 리테일 숍과 병원 등 고퀄리티 상업 시설로 거듭날 예정이다. 얼마 전 가수 J씨가 이 근처에 소유한 건물을 평당 9억원에 매물로 내놔 또 한번 화제가 되었다. 이처럼 호가만으로도 부동산 투자자들의 입에 오르내릴 만큼 강남대로 땅값은 한국 상업 부동산 시장의 바로미터다.

강남대로와 비교되는 곳이 삼성역과 봉은사역을 중심으로 한 영동대로다. 강남대로와 영동대로는 강남을 동서로 가르는 중요한 두 축이다. 영동대로는 20대 후반부터 30~40대 이상의 소비력을 갖춘 사람들이 모여드는 곳으로 대형 오피스와 호텔, 백화점, 쇼핑몰 등 퀄리티 높은 상권이 특징이다. 강남대로와 비교하면 객단가도 비싼 편이다. 현대자동차그룹 사옥인 GBC가 완공되고 GTX-A 삼성역까지 완공되면 이런 특징은 더욱 강화될 것이다. 현재 코엑스를 중심으로 공연과 전시 문화가 활발한데, 패션 트렌드와 공연 콘텐츠를 강남대로에서 영동대로 쪽으로 가져오려는 분위기도 감지된다.

하지만 영동대로가 강남대로의 역할을 나눠 가진다고 해도 강남대로가 누리는 이점은 사라지지 않는다. 강남대로는 서울과 수도권의 교통 허브다. 대중교통 시스템을 지렛대 삼아 서울과 수도권에서 모여드는 엄청난 소비 인구를 받쳐주는 데다 K-팝, K-패션, K-푸드, K-뷰티 등 장르를 가리지 않고 용광로처럼 빨아들여 트렌드를 만든다. 대중문화를 꽃피우고 이끌어간다는 점에서 강남대로가 갖는 파워는 여전히 강력하다. 가수 싸이의 '강남스타일' 이후 고유명사화된 '강남'의 얼굴은 여전히 강남대로다.

옛 뉴욕제과 건물, 현재 OPUS407

대형화·고층화되는 건물

강남대로에서 관심을 갖고 지켜봐야 할 사항이 몇 가지 있다. 상권이 워낙 막강하다 보니 블록별, 골목별로 특징이 각각 다르다. 특히 강남대로를 중심으로 왼쪽 블록과 오른쪽 블록은 서로 다른 자치구에 속해 있다. 행정구역이 서초구와 강남구로 갈리는 강남대로는 서로 마주 보는 블록마다 차이가 상당하다. 왜 이런 특성을 갖게 되었는지, 투자할 때 유의할 점은 무엇인지 세부적으로 들여다봐야 한다.

또 하나는 개발계획이다. 강남이 만들어지고 50년이 지나면서 도시가 노후화하자 강남대로를 비롯한 강남 지역에 다양한 재개발 이슈가 생겨나고 있다. 강남대로 서쪽에 평행선처럼 위치하는 경부고속도로 한남~양재IC 구간은 오래전부터 지하화 계획이 추진되고 있었다. 만약 고속도로가 지하로 들어가고 상부가 공원이나 주거 시설로 개발된다면 가까운 거리에 위치한 강남대로 상권은 크게 바뀔 수 있다.

현재 강남대로에는 꼬마 건물이 거의 없다. 기존의 노후 건물이 신축이나 레노베이션을 통해 대형 고층 건물로 탈바꿈했고, 일반 투자자가 접근하기 힘든 높은 가격대를 형성하고 있다. 투자할 물건이 적어지면서 건물의 희소가치 또한 높아지고 있다. 강남대로 인근의 개발 이슈를 통해 새로운 투자처를 물색할 수 있는지도 함께 살펴봐야 한다.

강남대로는 하나의 큰 도로를 넘어서 국내 최대 상권을 만드는 영향력 있는 입지다. 이제부터 강남대로의 골목별, 입지별로 그 특성을 살펴보자.

TIP

강남구 침수 사태가 반복되는 이유는?

한여름 집중호우로 강남구 일대가 침수되는 일이 자주 벌어진다. 2022년에는 강남역, 대치역, 삼성역 등 강남구 일대가 침수되면서 엄청난 피해를 입었다.
이곳은 예전부터 상습 침수 지역으로 유명했다. 강남구가 2015년부터 1조 4000억원을 들여 배수 시설을 확충했지만 침수 문제가 해결되지는 못했다. 몇 가지 이유가 있다. 우선 강남역 일대의 지형적 한계다. 강남대로를 기준으로 동쪽 방면이 과거 산이었던 탓에 고도가 높고 북쪽과 남쪽이 야트막한 경사를 이루고 있어 비가 오면 강남역 사거리 일대로 물이 쉽게 고인다. 한계치 이상의 집중호우가 쏟아지면 막아낼 도리가 없다.
하수관로와 배수관로 등 강남의 기반 시설이 현재 강남의 도시 규모와 맞지 않다는 것도 문제다. 과거 강남을 처음 개발할 당시 지금처럼 엄청난 인구가 오가는 중심지로 성장할지 아무도 예상하지 못했다. 도시 기반 시설은 도시를 계획할 때 함께 이뤄지는 것으로, 도시계획을 새로 하지 않는 한 어느 한 부분만 개선한다고 해서 근본적 문제가 해결되지 않는다. 당분간 강남역을 비롯한 인근 저지대는 기준치 이상의 비가 내리면 침수 피해에 시달릴 가능성이 높다.
침수 피해 지역의 건물주라면 개인적 대비가 필요하다. 정부의 조치는 한계가 있기 때문이다. 집중호우에 대비해 배수펌프를 보강하거나 비상 인력을 마련하는 등 선제적으로 대응해야 한다. 겨울철 폭설에도 대비해야 한다. 특히 언덕 등 지대가 높은 곳에 건물을 소유하고 있다면 염화칼슘 등 각종 제설 장비를 구비해 사고를 미연에 방지해야 한다.

Youtube

빌딩의 신 유튜브 영상이 궁금하다면? QR코드를 스캔하세요.

핵심 블록 탐구 01

서초구와 강남구 상업지 어떻게 다를까?
트렌드의 메카, 교보빌딩 vs 국기원 블록

서초구에 속한 교보빌딩 블록은 온갖 근생 상권이 집결한 강남대로에서 가장 상징적인 지역으로 학원, 병원 등 낮 상권과 음식점, 클럽 등 밤 상권이 모두 들어와 있어 24시간 사람들이 몰린다. 대로를 사이에 두고 마주 보는 국기원 블록은 강남구에 속해 있는데, 이곳은 명품 매장과 CGV 영화관 등 대형 상권이 조성된 가운데 이면 도로 곳곳에 카페와 맛집이 숨어 있다.

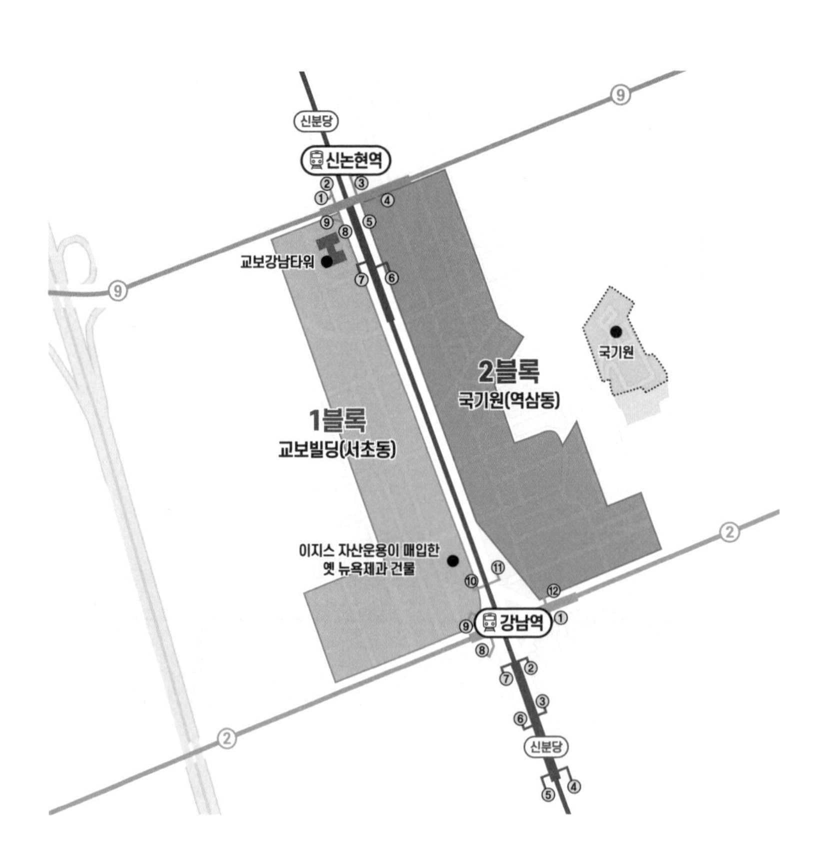

1블록 교보빌딩 블록

강남대로 강남역과 신논현역 사이의 왼쪽, 서초동에 속한 지역이다. 강남대로에서 가장 상징적인 곳으로, 교보빌딩 블록이라 부르기도 한다. 오피스와 주거 시설을 비롯한 대한민국의 온갖 근생 상권이 집결해 있으며, 대로변뿐 아니라 이면 골목길까지 학원, 병원, 패션 플래그십 스토어, 오피스, 음식점, 술집, 클럽 등으로 꽉 차 있다. 낮에는 학원과 병원을 이용하는 사람, 밤에는 음식점과 클럽 등을 이용하는 사람 등 낮 상권과 밤 상권이 공존하는 24시간 상권이다. 사람들이 하루 종일 끊이지 않고 몰려드는데 주로 젊은 층이 많으며 이곳에서 먹고, 놀고, 즐긴다. 집에 돌아갈 때 최적화된 대중교통 시스템을 이용할 수 있다는 것도 장점이다. 강남역부터 신논현역까지 불과 한 정거장 거리 안에 지하철 노선 3개가 들어와 있

다. 2호선은 서울 전역을, 9호선은 동서를, 신분당선은 경기 남부를 아우른다. 여기에 어마어마한 광역버스까지 합쳐진다.

마주 보는 역삼동 지역의 상권과는 사뭇 대조적인 이유 중 하나가 바로 광역버스다. 사람들이 집에 오갈 때 버스 타는 방향이 대부분 서초동 교보빌딩 라인이다. 내리고 타는 지점이 같으며, 남쪽 방향으로 가는 광역버스의 회차 지점이기도 하다. 퇴근 시간에는 교보빌딩부터 강남역과 양재역에 이르기까지 사람들이 새카맣게 줄을 서 있는 광경을 목격할 수 있다. 버스를 이용하는 사람들이 항상 붐벼 인근 상권이 좋을 수밖에 없다.

맞은편 국기원 블록에도 사람들이 내리긴 하지만 승강장이 중앙버스전용차로에 있다. 상권에 도움이 되려면 보도 쪽에 정류장이 많아야 하는데, 교보빌딩 블록이 딱 그런 입지다. 이런 편리함 덕분인지 밤에 놀만 한 유흥문화가 교보빌딩 블록을 중심으로 조성되어 있다. 특히 술집과 클럽 등 유흥 주점이 몰려 있다. 버스 정류장 위치뿐 아니라 여러 가지 다양한 이유로 교보빌딩 블록 대로변 건물 가격과 임대료는 맞은편 국기원 블록에 비해 훨씬 비싸다.

이지스자산운용이 1400억원에 매입한 건물도 이 블록에 있다. 대로변 건물의 1층 임대료는 평당 150만원으로, 10평에 월 임대료 1500만~2000만원까지 받을 수 있다. 일반 소규모 사업가가 들어가 장사하기 부담스러워 보이지만 그럼에도 불구하고 들어가는 것은 그만큼 돈을 많이 벌 수 있다는 뜻이다. 유동 인구가 워낙 많으니 높은 수익을 창출할 수 있는 여건이 조성되어 있다. 과거 명동

네이처리퍼블릭 건물이 가장 비싸기로 유명했는데, 지금은 그 타이틀을 이곳이 가져왔다.

대로변보다 이면 골목상권에 주목

이곳은 이면 골목상권에 주목해야 한다. 강남대로는 같은 블록 안에서도 가격 차이가 엄청나게 벌어지는 것으로 유명한데, 이면 도로에 있는 건물 가격이 대로변 건물에 비해 절반 수준이다. 대로변 건물의 평당 땅값이 7억~8억원이라면, 이면은 약 3억원 수준이며 도로폭이 좁으면 2억 5000만원으로 내려가기도 한다. 이면 골목이라고 해도 상권은 정말 좋다. 특히 강남역 쪽 이면 도로는 클럽, 술집 등 유흥 업종이 많아 하루 종일 소비활동이 벌어진다. 유흥가는 365일 24시간 상권으로, 가장 유망한 건물 투자 상권 중 하나다. 상업지이기 때문에 이면의 낡은 건물을 매입해 신축이나 레노베이션을 진행하면 기대 이상의 투자 수익을 거둘 수 있다.

이면 골목에 투자할 때는 도로폭을 잘 살펴봐야 한다. 자동차는 들어갈 수 없는 폭이 좁은 도로가 곳곳에 숨어 있다. 도로폭이 좁으면 건물을 신축할 때 용적률을 높게 받을 수 없다. 이면 골목이라도 자동차가 오갈 수 있는 곳이어야 효율적인 건물 투자가 가능하다.

교보빌딩 너머로는 아파트 단지가 들어와 있어 상권 확장을 기대하기는 어렵다. 아파트 인근으로는 항아리 상권이 형성되는데, 이곳은 거주민의 소비활동이 강남역 상권으로 빠져나가기 때문에 아파트 상가 투자는 매력이 별로 없으므로 추천하지 않는다.

강남대로 경부고속도로 지하화 수혜 지역은 어디?

경부고속도로가 지하화되면 거주 요건이 좋아지면서 새로운 분위기가 조성될 수 있다. 상부에 공원이나 주거 시설 혹은 근생 시설이 들어올 수 있는데, 무엇이 들어오든 상관없이 사람들이 이곳으로 유입될 수 있다.

경부고속도로 상부에 공연장이 들어온다고 가정해 보자. 강남역 10번 출구 뒤쪽의 클럽과 주점을 이용하는 10~20대 젊은 층이 도로를 따라 진흥아파트 방면으로 이동하는 동선이 만들어질 수 있다. 사람들이 지나다니는 길가에 상업 시설이 만들어지면 새로운 상권이 형성되는 건 시간문제다. 지금은 대로변 뒤쪽인 데다가 학교가 있어 이렇다 할 상권이 없다. 덕분에 건물 가격은 저렴하다. 인

경부고속도로 지하화로 새로운 상권 형성이 기대되는 블록

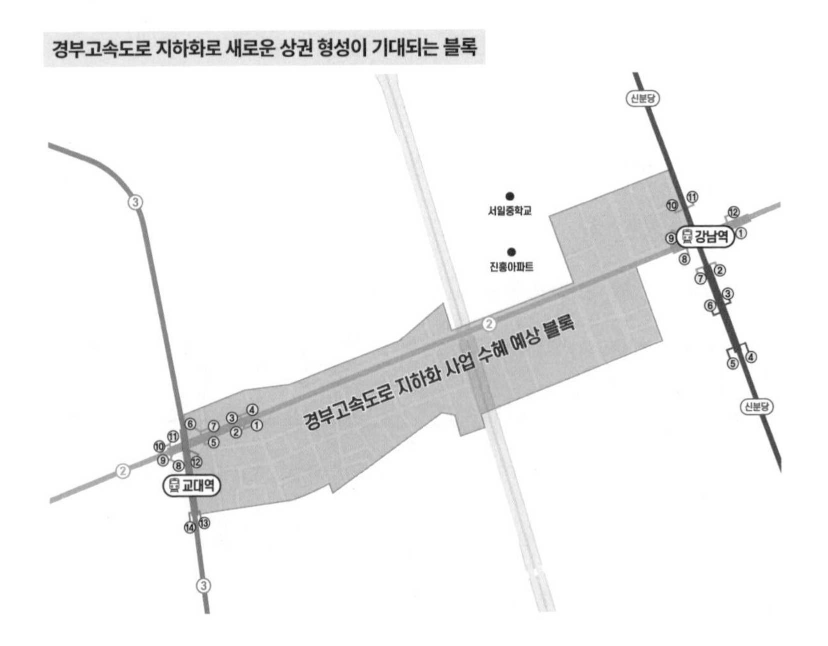

근 건물의 비싼 임대료를 비교했을 때, 상대적으로 건물 가격이 낮다는 것은 투자할 때 상당한 강점으로 작용한다.

진흥아파트가 재건축되면 서일중학교 사이의 좁은 도로폭도 바뀔 수 있다. 옆 도로와 폭을 맞추기 위해 넓혀줄 가능성이 있는데, 이렇게 되면 강남대로에서 경부고속도로 상부까지 일자로 쭉 뻗은 도로가 만들어진다. 긴 직선 도로는 상권이 형성되기 좋은 조건이다. 길을 따라 상권이 형성되면 도로변 건물 가치도 덩달아 높아진다. 지금은 다소 애매해 보여 투자하기가 쉽지 않은데, 앞서 살펴본 다양한 요인이 잠재되어 있으니 긍정적으로 생각할 필요가 있다. 아파트 재건축과 고속도로 지하화라는 두 가지 이슈를 떠올리면 이 지역의 미래 가치와 희소성은 충분해 보인다.

2블록 국기원 블록

강남구에 속한 국기원 블록은 서초구에 속한 교보빌딩 블록과 마주 보고 있다. 대로변은 대형 플래그십 스토어, CGV 영화관 등이 있으며, 이면 골목상권도 활발하다. 트렌디한 식당과 카페, 와인 바, 소품 숍 등이 있으며, 맛집도 곳곳에 숨어 있다.

상권은 좋지만 입지 면에서 큰 핸디캡을 갖고 있어 상대적으로 불리하다. 우선 너무 경사진 곳에 있다. 건물을 지을 때 경사지에 있으면 건축에 유리한 측면도 있지만 실제로 소비자들의 접근성은 떨어진다. 사람들이 평지도 있는데 굳이 걸어서 경사지를 올라가려 하지 않기 때문이다. 한겨울 폭설이라도 내리면 접근하기가 더욱 어렵다. 건물 1층에 근생 시설이 들어온다고 해도, 2층 이상은 공유 오피스나 미팅 룸 등 오피스 상권으로 활용되는 경우가 많아 근생 상권 형성과 확장에 약점으로 작용한다.

대로변과 강남역 코너 인근은 평지처럼 느껴져 사람들이 쉽게 접근하지만 이면의 큰 골목 빼고는 이렇다 할 투자 메리트가 없다. 강남역 영향권 아래 놓여 있어 트렌디한 분위기로 몰고 가고 싶어 하지만 이런 입지적 한계로 상권 성장에 제한이 있다.

이곳은 대로변을 제외하면 대부분 1종일반주거지역이다. 건너편 교보빌딩 블록에 상업지가 넓게 분포하는 것과 비교하면 상업지가 턱없이 적다는 것도 큰 약점이다. 최근 이곳 건물 중 상당수가 신축이나 레노베이션을 진행했는데, 짧은 기간 집중적으로 밸류업이 이루어지다 보니 단기간에 가격이 급등했다. 도로폭이 상대적으로 넓은 일반상업지역 이면 도로는 현재 평당 3억원을 호가한다. 결론적으로 국기원 블록은 강남역 인근이라는 이점으로 평당 단가는 비싼 데 비해 수익률은 맞추기가 쉽지 않아 건물 투자처로 추천할 만한 곳은 아니다.

TIP

강남대로 상업지, 서초구와 강남구가 다른 이유

강남대로를 기준으로 서초구 방면은 상업지가 넓게 분포되어 있다. 반면 강남구 방면은 노선상업지 형태로, 온전한 일반상업지가 거의 없다고 봐야 한다. 상업지는 최대 800%의 용적률을 적용받으므로 건축물을 높이 올릴 수 있지만, 2종일반주거지역은 용적률이 150~250%에 불과해 건물을 높이는 데 한계가 있다. 상업지 땅값이 훨씬 비싼 이유다. 상식적으로 강남대로의 서로 마주 보는 지역 상업지가 이렇게 크게 차이 날 이유가 없어 보이는데, 그 원인은 무엇일까?

인접 지역이라도 관할 행정구역이 다르면 전혀 다른 상황이 펼쳐질 수 있다. 처음 도시를 조성할 때 강남구는 테헤란로를 중심으로 상업지를 만든 반면, 서초구는 강남대로를 중심으로 상업지를 만들었다. 각자 키우고 집중할 지역에 상업지를 넓게 분포시킨 것이다.

처음 도시계획을 할 때와 달리 시간이 흐르면서 다른 양상이 펼쳐지면 그에 걸맞게 대응할 필요도 있는데, 바꾸기가 쉽지 않다. 도시 기반 시설이라 할 수 있는 도로, 하수관로 등은 한번 설치하면 확장하기 어렵다. 5층 건물로 계획한 지역은 600mm 관로를 사용하는데, 20층 건물이 들어오면 1200mm 관로로 바꿔야 한다. 관로만 바꾼다고 되는 것이 아니다. 정화조, 배수 시설 등 그에 따른 도시계획 전반을 뜯어고쳐야 한다. 이런 이유로 강남구에 위치한 강남대로 상업지는 한계에 갇힐 수밖에 없다.

강남대로 건물이 고층화되는 것을 막는 것은 도시 인프라 구축과도 관련이 있지만, 더 큰 그림으로 보면 서울시의 균형 발전과도 연결된다. 현재 서울에는 25개 자치구가 있는데, 각 자치구별로 격차가 계속 벌어지고 있다. 서울이라는 전체 도시의 계획과 성장을 고려할 때 어느 한 지역에 재화가 쏠리는 것은 바람직하지 않다. 서울시 입장에서는 각 구가 서로 동반성장하는 것이 최선이다. 한곳만 집중적으로 발전시키기보다 분산 효과를 통해 전체 도시의 효율적인 발전을 추구하는 것을 마냥 비난할 수만은 없다.

결론적으로 국기원 블록은 대로변을 제외하면 대부분 1종일반주거지역이며, 경사지라는 입지적 한계 때문에 건물 투자에 유리한 지역이 아니다. 트렌디한 카페와 맛집이 들어온다고 해서 상권이 살아나는 것은 아니다.

핵심 블록 탐 구 02

강남대로를 중심으로 본 논현역 상권

일대 최고의 확장성, 영동시장 먹자골목 vs 반포동

전통시장과 프랜차이즈 업종이 뒤섞인 영동시장 먹자골목은 전통시장이 만들어낸 개성 넘치고 매력적인 상권이 조성되어 있으며, 음식값도 강남역에 비해 비싸지 않아 30~40대가 즐겨 찾는다. 영동시장 맞은편 반포동 일대는 빌라와 다세대 등 주거시설이 대부분인데, 경부고속도로 지하화 이슈와 맞물려 강남권 마지막 재개발 투자처로서 기대감이 커지고 있다.

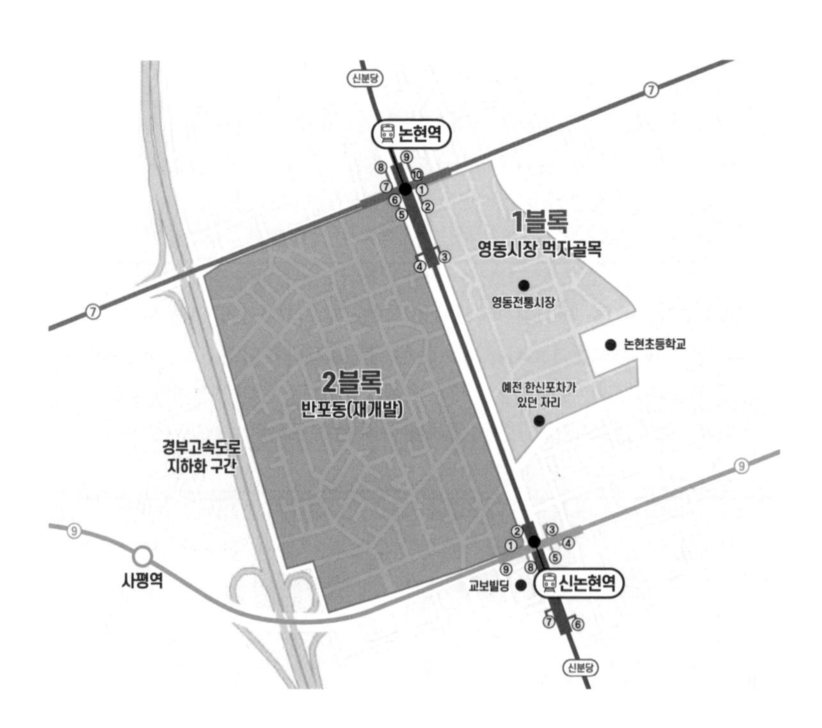

1블록 영동시장 먹자골목

이 골목은 앞 장 '강남구 논현역 블록'에서 살짝 언급한 곳이다. 이번에는 강남대로를 중심으로 입지와 상권을 분석해 보자.

국기원 블록이 경사지라는 입지적 한계로 확장성이 떨어진다면, 영동시장 블록은 평지에 가깝다. 논현역으로 가는 방향에 살짝 언덕이 있긴 하지만 평지 수준이라 사람들이 언덕으로 여기지 않는다. 강남대로 신논현역과 논현역 사이의 오른쪽, 영동시장 먹자골목은 강남대로에서 최고의 확장성을 가진 블록이다. 지금도 주변으로 뻗어나가며 상권이 커지고 있다. 뒤쪽 주거지를 배후로 전통시장과 일반 프랜차이즈 업종이 뒤섞인 근생 상권이며, 한때 '백종원 거리'가 조성되었던 곳이기도 하다. 코로나19 이후 철수한 업장이 많아 침체기를 겪었지만 다시 상권이 살아나고 있다.

지금은 없어진 한신포차를 비롯해 맛집, 술집 등이 다양하다. 전통시장이 만들어낸 핫한 근생 상권으로 개성 넘치고 매력적인 업종이 곳곳에 숨어 있다. 강남역 사거리에 비하면 음식값도 비싸지 않다. 강남역은 땅값이 워낙 비싸기 때문에 가격이 비쌀 수밖에 없다. 하지만 이곳은 대학교 인근 음식점이나 술집이 모여 있는 곳처럼 학세권 분위기의 미니 상권처럼 구성되어 있다.

교보빌딩 대각선 맞은편 신논현역 3번 출구로 나오면 영동시장 블록으로 이어지는 직선 대로와 만난다. 이 직선 대로를 따라 맛집 골목이 만들어지고 있는데, 이곳을 찾는 사람이 정말 많다. 전통시장과 신흥 상권이 섞이면서 독특한 분위기를 풍기는데, 이런 것이 MZ세대의 취향에 어필했다. 강남역 사거리가 10~20대의 놀이터라면 이곳은 20대 이상, 30~40대까지 아우르는 상권이다. 연령층이 높아질수록 강남역 사거리에서 노는 것을 부담스러워하는데, 그들이 부담 없이 찾을 수 있다는 것도 영동시장 블록의 장점이다. 강남역에서 놀던 사람들도 늦은 시간이 되면 이곳으로 넘어온다.

신분당선 개통으로 출퇴근하기 편리해지면서 대로변으로 오피스가 증가하고 있으며, K-뷰티 상권을 비롯해 일반 병원도 많이 들어오고 있다. 이곳에서 일하는 사람들이 먹자골목으로 들어와 소비하면서 영동시장 상권 확장에도 도움을 주고 있다. 대로변 건너편에 이렇다 할 근생 상권이 없는 것도 호재다.

2종일반주거지역인데도 평당 1억원

3~4년 전 한 부동산 전문가가 "평당 1억원까지 오를 수 있다"라고 예견했을 때 믿는 사람이 많지 않았는데, 실제로 그렇게 되고 있다. 논현초등학교 인근을 비롯해 대부분 2종일반주거지역인데도 평당 1억원 선이다. 이 블록은 상권이 계속 확장하면서 지가 상승도 노릴 수 있어 투자 가치가 높다.

이곳 역시 도로폭을 살피는 것이 중요하다. 최소 8~10m 도로를 끼고 있는 건물을 찾아야 하며, 차량이 서로 마주 보며 통과할 수 없는 4~6m 도로변 건물은 가급적 투자를 피한다. 4m 도로에 면한 건물은 매각할 때 많이 불리할 뿐 아니라 지가 상승도 더디다. 이면 골목이라고 해도 자동차들이 오갈 수 있는지가 투자의 중요한 조건 중 하나다.

또 하나, 논현초등학교 전면과 후면 골목 투자는 피하는 것이 좋다. 초등학교 반경 500m 안에는 유흥 업종이 들어갈 수 없다. 학교 주변은 근생 업종에 제한이 있어 임대료 수익을 맞추기 힘들고, 지가 상승도 더디다. 1종일반주거지역인 경우 노래방도 들어갈 수 없다. 건물을 살 때에는 인근에 초등학교가 있는지 꼭 확인해야 한다. 하지만 강남대로 변 건물은 앞뒤 할 것 없이 할 수만 있다면 언제든 투자하는 것이 좋다.

2블록 반포동 블록

영동시장 맞은편 서초구 반포동 일대는 강남대로에서 유일하게 소액 투자가 가능한 곳이다. 안쪽으로는 슬럼화가 많이 진행되어 특별히 상권이라고 할 것이 없다. 이 블록에서 상권은 대로변이 유일하다. 정형외과, 한의원, 동물병원 등 일반 병원이 많으며, 강남대로 상권 중에서는 가장 처진다는 평가다. 대로변 코너 건물이 몇 년 동안 임대 매물로 나와 있을 정도다.

안쪽으로는 약간의 경사가 있으며, 빌라와 다세대 등 대부분 주거 시설이 들어와 있다. 이곳은 강남권에서 유일하게 지구단위계획이 수립될 수 있는 블록이다. 경부고속도로가 지하로 들어가면 주택 재개발 가능성은 더 커진다. 강남권에서 마지막 남은 재개발 투자처라는 매력 넘치는 곳으로, 시간을 버틸 수 있다면 강남권 주거 투자 지역으로 노릴 만하다.

재개발 주거 투자뿐 아니라 소규모 상가주택이나 빌라 건물 투자도 가능하다. 이곳은 강남대로 다른 지역에 비해 초기 투자 비용이 적게 든다. 소액 투자자 여러 명이 모여 빌라를 통째로 매입해 건물로 개발하는 방법도 있다. 투자자가 각자 빌라 한 층씩 구분등기로 소유한 후 대지 지분을 확보하면 훗날 재개발이 이루어질 때 통건물로 개발할 수 있다.

핵심 블록 탐구 03

삼성타운은 호재일까? 악재일까?

희비가 갈리는 삼성타운 vs 역삼세무서 블록

삼성타운이 들어왔을 때의 막강했던 주변 상권은 코로나19로 인해 재택근무 등 근무 환경이 변하면서 시들해진 상황이지만, 대로변 위주로 사옥 등 오피스 건물 투자처로는 노려볼 만하다. 반면 건너편 역삼세무서 블록은 다양한 상권이 조성되며 주목받고 있다. 특히 강남대성학원 등 대형 학원이 들어오면서 최근 학원 상권이 커지는 등 건물 투자하기에 최적이다.

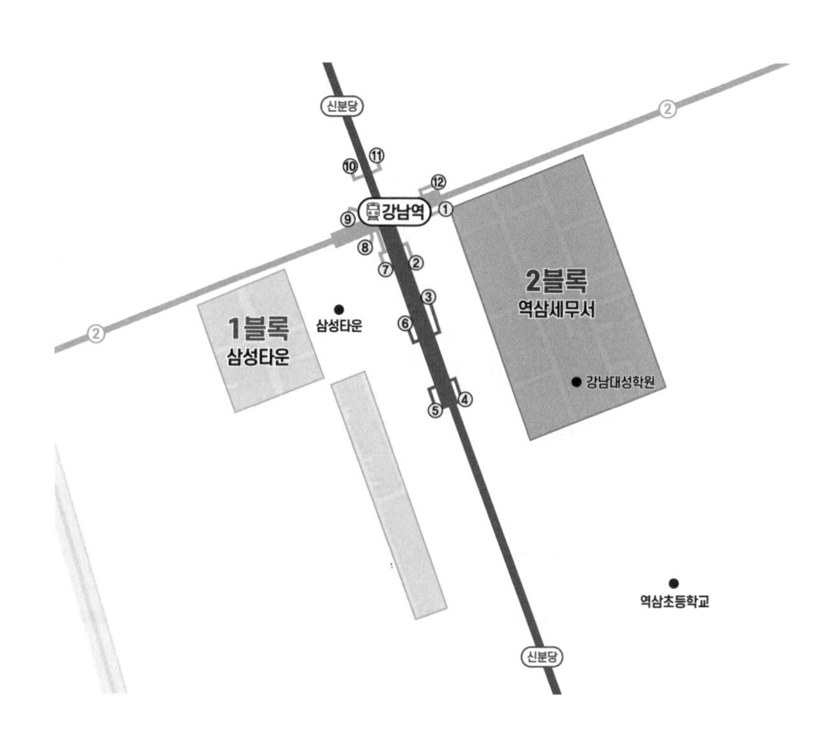

1블록 삼성타운 블록

이곳의 구성 형태는 교보빌딩 블록과 흡사하다. 뒤쪽으로 대규모 아파트 단지가 있고, 앞쪽으로는 모두 상업지다. 강남역 사거리라는 엄청난 입지적 장점에도 불구하고 삼성타운이 거대한 그늘을 드리우고 있다. 삼성타운이 들어오면서 상권이라고 부를 만한 것이 거의 사라졌다. 상권이 다시 형성되기도, 유지되기도 쉽지 않게 되어버렸다.

삼성타운 근처에 가면 항상 보안 요원들이 건물 주변을 통제하고 있다. 차량이나 사람이나 쉽게 접근할 수 없는 분위기다. 지하철역 바로 앞이지만 인구 유입이 힘든 구조라 사람들이 대로변에서만 움직인다. 삼성 직원들이 이용하는 출퇴근용 셔틀버스가 있어 외부에서 대중교통을 이용하는 인구도 많지 않으며, 지하를 통해 곧바로 강남역과 연결되기 때문에 지상을 오가는 사람도 별로 없다.

대기업 문화가 바뀐 것도 상권에 좋지 않은 영향을 끼치고 있다. 처음 삼성타운이 들어온다고 했을 때는 주변 상권이 막강했다. 치킨이나 삼겹살 등 대중적 음식을 파는 식당도 많았고, 퇴근 후 이곳에 들러 식사나 회식을 즐기는 삼성 직원도 많았다. 하지만 회식 문화가 사라졌고, 코로나19로 재택근무가 많아지는 등 여러모로 악재가 겹쳤다. 주말에는 사람이 거의 없어 분위기가 썰렁하다. 주말 이용객이 없으니 주 5일 상권에 머무르게 되고, 상권 규모도 계속 축소될 수밖에 없다. 이 블록에서 유일하게 상권이 살아 있는 지역은 신분당선 강남역 5번 출구 쪽이다. 이곳을 제외하면 삼성타운

이면 골목상권은 전멸하다시피 했다.

이면 골목상권이 좋지 않지만, 그래도 대로변 상권은 여전히 비싸다. 강남역과 인접한 강남대로인 만큼 오피스 등 업무 시설로 각광받는다. 교통이 편리하고 강남역과 접근성도 좋아 사옥 투자처로 알맞다. 지금도 대로를 따라 대부분 오피스 건물이 들어와 있다. 이곳 역시 상업지이기 때문에 개발 후 높은 투자 수익을 기대할 수 있다. 강남대로 변 건물 투자는 항상 추천할 만하다.

한 가지 특기할 만한 것이, 뱅뱅 사거리의 한전아트센터 인근이 특별계획가능구역으로 지정됐다는 점이다. 하지만 특별구역으로 지정되기 전에도 이미 투자처로서 가격이 많이 오른 지역인 데다 딱히 상권이라고 부를 만한 것이 없어 생각처럼 뜨겁지는 않다. 이

특별계획가능구역으로 지정된 강남대로 뱅뱅 사거리 일대

곳도 경부고속도로 지하화 이슈에 영향을 받는 곳인데, 만약 이런 개발 호재들이 서로 시너지를 일으키면 지금과는 다른 양상이 펼쳐질 것이다. 경부고속도로가 지하로 들어가면 왼쪽의 남부터미널역까지 직선으로 연결되면서 이 길이 지금보다 훨씬 좋아질 수 있다.

결론적으로, 강남대로 삼성타운 블록을 포함해 양재역까지의 대로변에는 업무 시설이 들어오기에 적합한 지역이므로 사옥이나 오피스 투자처로 적합하다.

2블록 역삼세무서 블록

삼성타운 건너편의 역삼세무서 블록은 강남역 사거리 중심으로 나눈 네 군데 중에서 투자 2순위라고 할 만큼 매력적이다. 이유는 여러 가지인데 우선 앞쪽으로는 업무 시설이, 뒤쪽으로는 업무 관련 근생 업종이 빼곡하다. 원래 30대 이상의 중장년층이 많이 모여드는 곳이었는데 강남대성학원을 필두로 대형 학원이 들어오면서 10~20대가 모여들고 있다. 최근에는 학사, 스터디 카페 등이 합류하면서 학원 상권이 더욱 커지고 있다. 과거에는 술집 등 유흥 주점이 많아 주로 40~50대가 놀던 곳이었으나 학원 상권이 가세하면서 세대 구분 없이 다양한 연령층이 이용하는 독특한 상권이 형성되고 있다.

대로변 뒤쪽으로 카페, 맛집, 프랜차이즈 식당, 술집과 유흥 주점이 많은데 평일과 주말 할 것 없이 사람들로 붐빈다. 직장인 상권에 학원 상권, 주거 시설과 오피스텔로 인한 일반 근생 상권, 여기에 밤이 되면 유흥 상권까지 더해지면서 한마디로 '잡탕' 상권이 됐다. 상권이 활성화되어 있으니 건물 투자하기에는 아주 적합하다.

대로 뒤쪽 빌라를 비롯해 앞쪽으로 오피스텔이 계속 들어오고 있다. 과거 모텔이었던 곳 대부분이 오피스텔로 바뀌었는데, 지금도 오피스텔 신축이 이뤄질 정도로 오피스텔 수요가 많다. 이곳에 사는 젊은 사람들이 밤에 나와 먹고 놀고 즐기며, 주말에도 활발한 소비활동을 벌인다.

대로변 전면의 직장인도 대부분 이곳에서 소비한다. 길 건너 맞은편 블록으로 이동하는 경우는 많지 않다. 대개 가까운 거리에서 해결하고 싶어 하므로 직장인 상권으로도 손색없다. 점심 시간대 식당가는 항상 사람들로 북적인다.

상권의 확장성은 높지 않다. 모든 소비활동이 블록 안에서만 이루어지며 상권이 커지기 힘든 입지 구조다. 하지만 블록 안으로 유입되는 인구가 증가하고 있고, 지금도 계속 뭔가가 만들어지고 있기 때문에 건물 투자 측면에서는 매력적이다. 이곳 역시 폭 4m 도로가 많아 건물 투자 시 주의해야 한다. 상업지이기는 해도 이면 도로폭이 4m인 경우 사선제한과 고도제한에 걸려 용적률이 400~500%로 제한된다. 상업지라고 해도 도로폭이 좁으면 건물을 높이는 데 한계가 있다는 사실도 잊지 말아야 한다. 하지만 이 지역만큼은 입점하는 업종에 제한이 없다는 장점이 있다. 유흥 주점이 들어올 수 있어 건물을 임대할 때 유리하다.

이곳은 학원과 오피스텔이 들어오면서 상권이 되살아날 수 있었다. 건물 투자자 입장에서는 중대로를 끼고 있는 입지라면 투자 가치는 충분하다. 임대 수익률도 높다. 자본금이 많다면 블록 안 번화가에 투자하는 것이 좋으나, 이곳이 너무 비싸다면 역삼초등학교 인근도 살펴본다.

TIP

강남 상업지역에 오피스텔 신축이 많은 이유

요즘 강남권에서 새로 건물을 짓는다고 하면 대부분 오피스텔이다. 부동산 개발자가 가장 선호하는 사업이 오피스텔이기 때문이다. 이들이 개발하려는 땅은 상업지다. 800% 용적률을 적용받아 최대한 층수를 높여 오피스텔을 지어 분양하면 일반 상업 건물에 비해 많은 돈을 벌 수 있다.
강남은 1인 가구가 많다. 이들의 주거 수요는 높은데 아파트가 비싸니 대안으로 오피스텔이 등장했다. 오피스텔은 일반 건물과 달리 임대가 쉬워 공실 걱정이 덜하다. 또한 주거 시설이기 때문에 전세 제도를 활용해 투자할 수 있어 초기 자본이 적게 드는 것도 장점이다. 쉽게 설명하면 50억원짜리 건물을 상업 시설로 임대하면 보증금 2억원에 월 1500만원 정도 투자 수익을 거둔다. 이때 자기 자본금 48억원이 필요하다. 하지만 50억원짜리 8가구 다세대 빌라를 지으면 보증금 20억원 이상을 거둘 수 있어 자기 자본금이 훨씬 적게 든다.
오피스텔은 강남의 비싼 아파트에 비해 상대적으로 저렴하기 때문에 젊은 층이 선호한다. 또한 3억~5억원 수준의 투자금으로 월세 수익을 거둘 수 있어 은퇴한 노년층의 노후 대비 수단으로도 인기다. 공실률이 낮고, 투자 수익이 안정적이므로 개발자 입장에서는 오피스텔 개발에 집중할 수밖에 없다. 강남의 웬만한 상업지는 교통 등 인프라가 잘 갖춰져 있기 때문에 이런 곳을 찾아 오피스텔을 분양하면 짧은 시간 안에 큰돈을 벌 수 있다.
오피스텔이 증가하면 인근 지역 상권 활성화에도 도움이 된다. 젊은 1인 가구가 주로 살기 때문에 소비력이 왕성하고 주말에도 상권이 유지된다. 강남대로 역삼역 블록이 대표적이며, 이와 비슷한 곳으로 선릉역을 들 수 있다.

핵심 블록 탐구 04

오피스 상권으로 최고 입지

강남대로 유망주 뱅뱅 사거리, 서초동 vs 도곡동 블록

뱅뱅 사거리에서 양재역까지 이어지는 강남대로는 지하철 신분당선과 고속도로 서초IC를 이용해 강남으로 출퇴근하는 인구가 많은 곳으로 강남권의 마지막 남은 금싸라기 땅이라고 할 수 있다. 여기에 양재역 복합환승센터 개발이라는 호재가 보태졌다. 반면 맞은편 도곡동 방면은 경사지로 대로변이나 코너 위주의 업무 시설 투자 정도로 접근하는 것이 좋다.

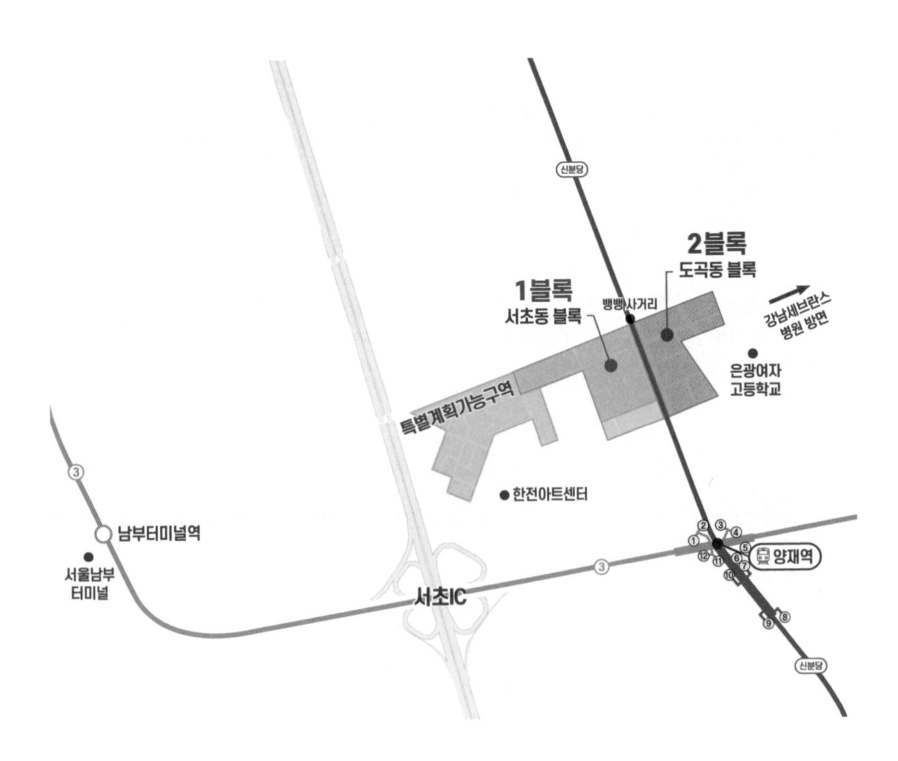

1블록 뱅뱅 사거리 서초동 블록

뱅뱅 사거리에서 양재역까지 이어지는 강남대로 블록은 앞으로 변화가 많을뿐더러 인구 유입도 늘어날 곳이다. 지하철 신분당선과 고속도로 서초IC를 이용해 강남으로 출퇴근하는 사람들이 편리하게 오갈 수 있는 입지로 강남권의 마지막 남은 금싸라기 땅이라고 할 수 있다.

사업을 할 때 가장 중요한 것은 사람이다. 좋은 스펙을 갖춘 능력 있는 직원을 뽑을 때 회사 위치는 의외로 중요한 역할을 하는데, 이곳은 강남역 사거리의 영향권이어서 직원 채용에 유리하다. 서울, 그중에서도 강남에서 근무하고 싶어 하는 경기권에 살고 있는 사람들의 심리를 십분 활용할 수 있는 최적의 입지가 바로 이곳이다.

서초구에서 뱅뱅 사거리 일대를 특별계획가능구역으로 지정한 것도 호재다. 지정된 구역은 뱅뱅 사거리에서 남부터미널 가는 방향의 핵심 요지다. 경부고속도로가 지하화되면 고가도로를 넘어가야 하는 불편함이 사라지면서 남부터미널과 직선으로 연결된다. 오피스나 사업용 건물 투자에 관심이 있다면 개발 구역으로 지정된 곳에 주목해야 한다. 남부터미널과 강남대로가 연결되면 강남대로의 업무 시설이 이쪽으로 확장될 수 있다. 중장기 투자가 가능하다면 남부터미널 가는 길, 특히 특별계획가능구역으로 지정된 곳을 포함한 도로변 인근을 주목해야 한다.

양재역 복합환승센터 개발계획

또 하나의 호재는 양재역 복합환승센터 개발계획이다. 지하철뿐 아니라 GTX-C 역, 광역버스, 택시, 자전거 등 모든 교통수단이 한 곳에서 연결되는 대형 환승센터가 양재역에 건설될 예정이다. 계획이 현실화되면 강남역 사거리에 집중된 경기 남동부의 광역버스 노선이 양재역으로 옮겨올 가능성이 높다. 현재 강남역을 오가는 광역버스는 양재IC, 서초IC, 현대자동차 방면 등 세 곳으로 진입한다. 이 세 지점의 가장 중앙부에 위치한 양재역에 환승센터를 만들면 강남역으로 몰리는 교통 수요를 분산시킬 수 있다. 만약 버스 이용객이 강남역 대신 양재역을 이용한다면 막대한 인구가 이곳으로 유입될 것이 분명하다.

인구가 증가하면 오피스와 업무 시설이 늘어날 것이고 양재역에서 도보로 이동 가능한 업무 시설 입지는 그 가치가 더욱 높아진다. 향후 뱅뱅 사거리에서 양재역까지 이어지는 대로 주변은 업무 시설 투자처로 최적의 입지다. 업무 시설이 많이 들어오면 자연스럽게 역세권 주변으로 상권이 형성된다. 지금도 양재역 주변 상업지 건물에 근생 시설이 하나둘 늘어나고 있다.

양재역 지하철 1·2번 출구의 한전아트센터 블록에도 업무 시설과 근생 시설이 증가하고 있다. 농구 선수 출신의 유명 방송인도 이곳 대로변 인근에 건물을 매입해 화제가 되었다. 이면 도로는 뱅뱅 사거리와 일자로 연결되는데, 도로를 따라 상권이 형성될 수도 있다. 2종일반주거지역이라 건물을 높이는 데 한계가 있지만, 강남역 방향으로 가는 직선 도로는 건물 투자 가치 면에서 매력적이다.

양재역 지하철 5·6·7·8번 출구 방면도 이면까지 상권이 만들어져 있다. 중요한 점은 이제 시작 단계라는 것이다. 상권이 확장될 가능성이 상당히 높다. 양재역 주변으로 호재가 많기 때문에 확장성과 미래 가치 면에서 최고의 투자처라 할 수 있으며, 지금이 투자 적기다. 개발 구역으로 묶인 곳은 시간이 오래 걸릴 수 있는 만큼 단기 투자자라면 양재역 인근에 투자하는 것이 맞다.

현재 강남역 사거리를 중심으로 한 강남대로 변은 오피스로 개발할 땅도, 건물도 거의 없다. 뱅뱅 사거리와 양재역 일대는 그 대안이 될 수 있으며, 투자할 수 있다면 지금이 실행 적기다.

2블록 뱅뱅 사거리 도곡동 블록

뱅뱅 사거리 도곡동 블록은 경사지로 대로변과 코너 등 평지 위주로 투자 가능하며 업무 시설 위주로 접근해야 한다. 은광여고 안쪽은 빌라와 단독주택이 많은 주거지로, 경사가 져서 사람들의 접근성이 떨어지므로 건물 투자에 좋은 입지는 아니다.

뱅뱅 사거리에서 강남세브란스병원 방향 대로변은 강남에서 땅값이 가장 저렴하다. 대로변 건물이 평당 1억~1억 5000만원 선이다. 입지에 따라 2억원을 부르는 곳도 있지만 매매는 쉽지 않다. 땅값이 저렴한 이유는 다른 강남 지역과 달리 걸어서 지하철을 이용하기 쉽지 않기 때문이다. 뱅뱅 사거리 도곡동 블록은 대로변 이외에는 건물 투자하기에 그리 추천할 만한 곳은 아니다.

Point of View.

강남대로,
평당 20억원 가능할까?

국내 유명 스타 부부가 강남대로 변 건물을 900억원대에 매입해 화제가 된 적이 있다. 얼마 전 이 건물이 호가 1400억원에 매물로 나왔다. 3년 전 인근 건물이 평당 7억원대에 팔린 것과 비교하면 평당 9억원인 셈이다. 부부는 사람들의 입방아에 오르내리자 매물을 거둬들였다.

이들이 소유한 건물은 과거 만남의 장소로 유명했던 강남역 파고다 어학원 바로 옆 건물로, 입지만 놓고 보면 나무랄 데 없이 최고 수준이다. 서초동에 속한 상업지로, 최대 800%까지 용적률을 받는다. 현재 455% 수준으로 지어졌으니 800% 용적률 건물로 신축하면 막대한 투자 수익을 기대할 수 있다. 900억원이라는 매입가가 터무니없이 비싼 가격이라고 볼 수 없다는 얘기다. 이런 입지는 임대 수익률보다는 투자 가치로 접근하는 곳이다.

과거 한 부동산 전문가가 강남대로 핵심 지역을 두고 "평당 20억원까지 오를 수 있다"라고 언급한 적이 있다. 곰곰이 생각하면 아주 틀린 말도 아니다. 홍콩이나 맨해튼의 핵심 상업지는 1500~ 3000%까지 용적률을 적용받는다. 아찔한 높이의 초고층 건물이 줄줄이 이

유명 스타 부부가 소유한 강남대로 건물

어질 수 있는 배경이다. 강남대로가 그렇게 되지 않는다는 보장이 없다. 만약 강남대로 핵심지의 용적률이 1500%로 상향된다면 현재 평당 9억원인 땅값이 18억원까지 뛰어오를 수 있다. 평당 20억원이라는 얘기가 헛소리가 아닌 셈이다. 과연 그런 날이 올지 모르겠지만 그만큼 강남대로는 희소성과 발전 가치 면에서 무궁무진하다.

핵심 블록 01

신세계로 변모하는 한남동~이태원동

핵심 블록 02

용산의 미래를 책임질 신용산역~삼각지역~효창공원앞역

핵심 블록 03

마포구 핵심 상권 합정역 일대

핵심 블록 04

소셜벤처밸리 블록에 주목 성수역 일대

핵심 블록 05

자양동과 화양동으로 나뉘는 건대입구역 블록

04 CHAPTER

제2의 강남을 노리는 용산·마포·성동구

04

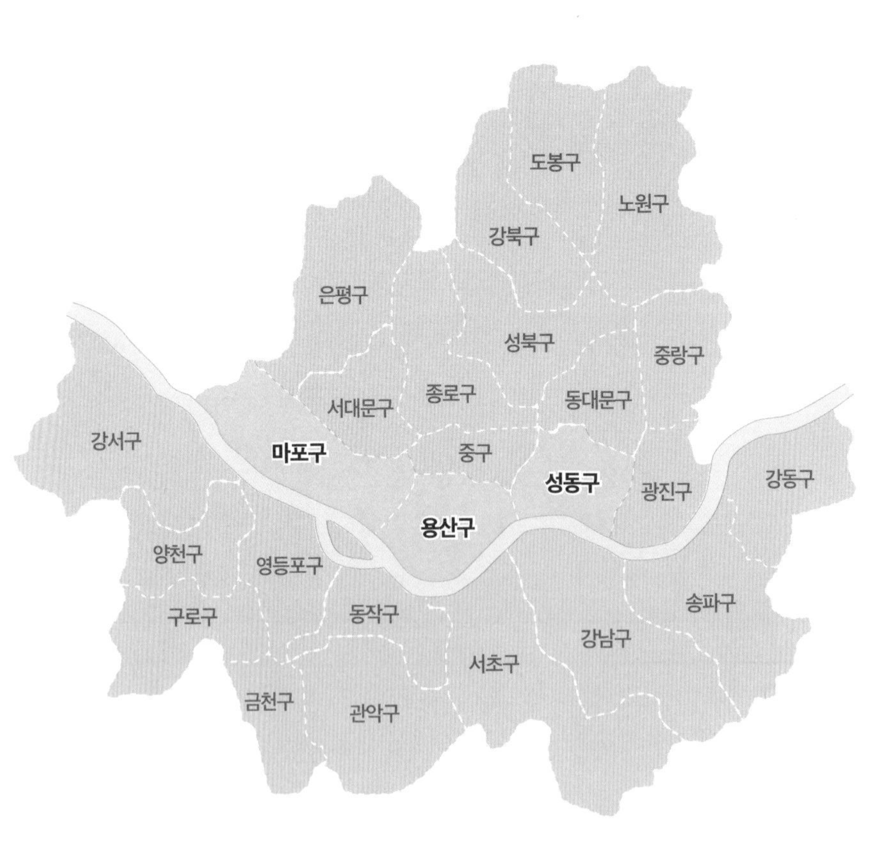

도봉구
노원구
강북구
은평구
성북구
중랑구
종로구
서대문구
동대문구
강서구
마포구
중구
성동구
광진구
강동구
용산구
양천구
영등포구
송파구
동작구
구로구
강남구
서초구
금천구
관악구

About Location

용산·마포·성동구

YONGSAN·MAPO·SEONGDONG-GU

수십 년 동안 강남에 쏟아지던 관심과 인기를 대체할 곳이 필요해졌다. 투자자들은 그 대체지로 용산구를 주목하고 있다. 최근 무섭게 떠오르고 있는 용산은 과연 제2의 강남이 될 수 있을까? 또한 강북 핵심 요지로 꼽히며 무섭게 성장을 거듭한 마포구와 성동구의 미래는 어떻게 펼쳐질까?

용산구

대규모 재개발과 정치적 이슈가 맞물린 핫 플레이스

용산은 오랫동안 부동산 투자자 사이에서 관심의 대상이었다. 서울의 중심부라는 입지적 장점, 한강과 남산을 끼고 있는 좋은 터, 무엇보다 미군 기지 이전으로 그동안 막혔던 재개발이 가능해졌기 때문이다. 용산이 강남의 뒤를 이을 거라는 예상이 이어지는 가운데, 최근 기대 이상의 새로운 먹거리가 등장하면서 다시 한번 뜨겁게 달아오르는 중이다.

용산구에서 금싸라기 땅으로 통하는 한남동의 아파트 재개발 사업을 살펴보면 그 규모가 엄청나다. 한강 건너 반포 재개발은 비교조차 되지 않을 정도다. 최근 대우건설이 한남 재개발 2구역을 수주했는데, 보광동 일대 11만 5005m² 규모 부지에 총 32개 동, 1538세대를 지을 예정이다. 3구역 재개발은 그 규모가 더 크다. 39만 3729m² 규모 부지에 5757가구가 입주할 예정으로 한남 재개발의 핵심 지역으로 통한다. 5구역은 한남 재개발 구역 중에서 가장 각광받는 입지로, 반포와 연결성이 좋고 한강 조망권이 탁월하다.

서울 지도를 들여다보면 용산구는 강남의 요지인 서초구, 강남구와 서로 마주 보고 있다. 두 지역 모두 서울의 중앙부에 위치하면서 한강 다리를 통해 긴밀히 연결된다. 한남 재개발의 가치를 높이는 데는 강남과의 접근성이 매우 중요한데, 이런 긴밀한 연결성을 바탕으로 한남동과 보광동 일대가 서울의 새로운 거점 지역이 될 것임을 예감할 수 있다.

건물 투자 면에서 오랫동안 관심의 대상이었던 용산역 앞 정비창 부지는 개발이 거의 끝나가는 시점이며, 대로변에 남은 꼬마 건물의 투자 가치는 선별해 접근해야 한다. 용산역 인근에 건물 투자를 하려면 차라리 원효대교 북단에서 서울역 방면의 정비창 서쪽 지역을 살펴보라고 권한다. 전자상가 개발과 함께 복합개발 대상지가 되면서 조금씩 움직이고 있으며, 대기업도 조용히 투자하고 있는 지역인 만큼 미래 가치가 유망하다.

마포구

순식간에 천당과 지옥을 맛보다

마포구는 2015~2017년 대규모 재개발이 이루어지면서 투자자에게 큰 관심을 받았다. 지금은 대명사가 된 '마래푸(마포 래미안 푸르지오)'는 박근혜 정부 말기부터 시작해 문재인 정부 시절 부동산 붐을 일으킨 대표 주자였다. '마포구의 아파트값이 이렇게 높을 수 있나?'라는 고정관념을 깨트렸고, 강북에서 가장 선호하는 대장주 아파트로 자리매김했다.

강북 아파트 투자 중심에 '마래푸'가 있었다면, 홍대입구과 신촌 건물 투자의 중심에는 중국인 큰손이 있었다. 마포구 일대는 외국 관광객이 대거 몰려들던 지역으로, 특히 홍대입구와 카페 골목은 유독 중국인 관광객에게 인기가 높았다. 중국인 건물 투자자가 홍대입구에 활발한 투자를 한 배경이다. 하지만 사드THAAD 사태가 터지면서 상황이 급변했다. 중국 관광객이 순식간에 사라졌고, 코로나19가 겹치면서 상권이 위축됐다. 자연스럽게 마포구 건물 투자 역시 침체기로 들어섰다. 홍대와 신촌의 건물 투자는 천당과 지옥을 가장 빨리 맛보았다.

지금 마포구에서 건물에 투자하려면 홍대입구보다는 다른 곳으로 눈을 돌려야 한다. 최근에 공덕역과 대흥역 인근으로 학원가가 조성되면서 건물 투자 매력도가 상승하고 있다. 합정역 역시 오래전부터 국내 투자자들이 관심을 가져왔다. 합정역 블록은 오피스 상권인 동시에 홍제천 넘어 상암, 멀리는 경기권까지 흡수할 수 있는 마포구에서 가장 뛰어난 확장성을 자랑하는 곳이다. 현재 마포구에서 홍대입구보다 훨씬 매력적인 투자 가치를 지닌 곳은 합정역이다.

성동구

'영&리치'가 찾는 고급 주거지

과거 전통 부자들은 평창동이나 성북동, 용산과 한남동 등 강북에 많이 살았다. 현대가와 삼성가를 비롯해 대기업 창업주들의 자택이 있는 곳으로 유명하며, 지금도 이 지역에는 대기업 오너가 많이 산다. 배산임수의 명당으로 오랫동안 명성을 떨쳐온 터라 풍수리지에 민감한 연령대 높은 부자들이 선호한다.

반면 요즘 시대 부자들은 성수동 초고층 아파트에 산다. 코인이나 주식으로 돈을 번 신흥 부자, 벤처 창업이나 IT로 성공한 전문가, 연예인과 유튜버 같은 엔터테인먼트 종사자 등 이른바 '영&리치'가 가장 선호하는 새로운 부촌으로 성수동이 등장한 것이다. 이들은 풍수리지에는 별 관심이 없지만 숲세권에는 민감하다. 성수동은 서울숲을 옆에 끼고 있으며, 남향으로 한강을 조망하는 입지적 장점을 지녔다. 주변에 맛집과 카페, 벤처 타운이 있어 먹고 노는 것은 물론 일하기에도 좋다. MZ세대가 선호할 만한 조건을 두루 갖춘 덕에 갤러리아포레, 트리마제, 아크로서울포레스트 등 초

성수동 최고급 아파트가 모여 있는 서울숲 인근

고층 아파트가 랜드마크로 이름을 떨친다. 유명 연예인을 만나겠다며 주말에 서울숲을 찾는 일반인이 있을 정도다.

압구정동, 청담동과 가깝다는 것도 성수동의 큰 장점 중 하나다. 영동대교와 성수대교를 이용하면 5~10분 사이에 오갈 수 있다. 특히 압구정동과 마주 보는 위치에 있어 성수동이 압구정동의 대체지 역할을 하고 있다. 실제로 압구정동 아파트가 노후화되면서 많은 자산가들이 성수동 고급 아파트로 넘어왔다. 자산가들이 이동하면서 트렌드도 함께 끌고 와 현재 성수동은 청담동, 압구정동, 신사동과 함께 트렌드 메이커 역할도 하고 있다.

성수대교와 영동대교를 사이에 두고 성수동과 압구정동, 청담동이 연결되는 상황은 한남대교를 사이에 두고 한남동과 강남대로가 밀접하게 연결되는 것과 비슷하다. 대기업 회장님들이 한남대교를 넘어 강남대로 사옥으로 이동한다면, 성수동 영&리치는 영동대교와 성수대교를 이용해 논현동과 압구정동, 신사동과 청담동을 오간다. 이들은 젊고 트렌디한 비즈니스를 하는데, 청담동에 자리 잡았던 연예 기획사들이 성수동으로 속속 터전을 옮기는 것도 이런 맥락으로 이해할 수 있다.

비교적 짧은 시간 안에 비약적으로 성장한 성수동은 현재 일반 건물 투자자가 들어가기에는 부담스러울 만큼 땅값이 많이 올랐다. 하지만 일반 사옥 용도로 건물을 매입하려는 사업가들에게는 여전히 매력적인 투자처다.

핵심 블록 탐구 01

최고 주거 투자 지역과 근생 상권의 만남

신세계로 변모하는 한남동~이태원동

서울의 중심부 한남동이 주거 단지 개발을 계속하며 대한민국 최고급 주거지역으로서의 면모를 다져가고 있다. 그 최대 수혜지는 바로 이태원. 한남동과 생활권이 묶이는 이태원은 한남동 거주민의 막강한 소비력을 받쳐줄 유일한 곳이다. 하지만 대통령 집무실과 사저가 옮겨오면서 보안을 이유로 여러 제안 요소가 생길 수 있으므로 신중하게 접근해야 한다.

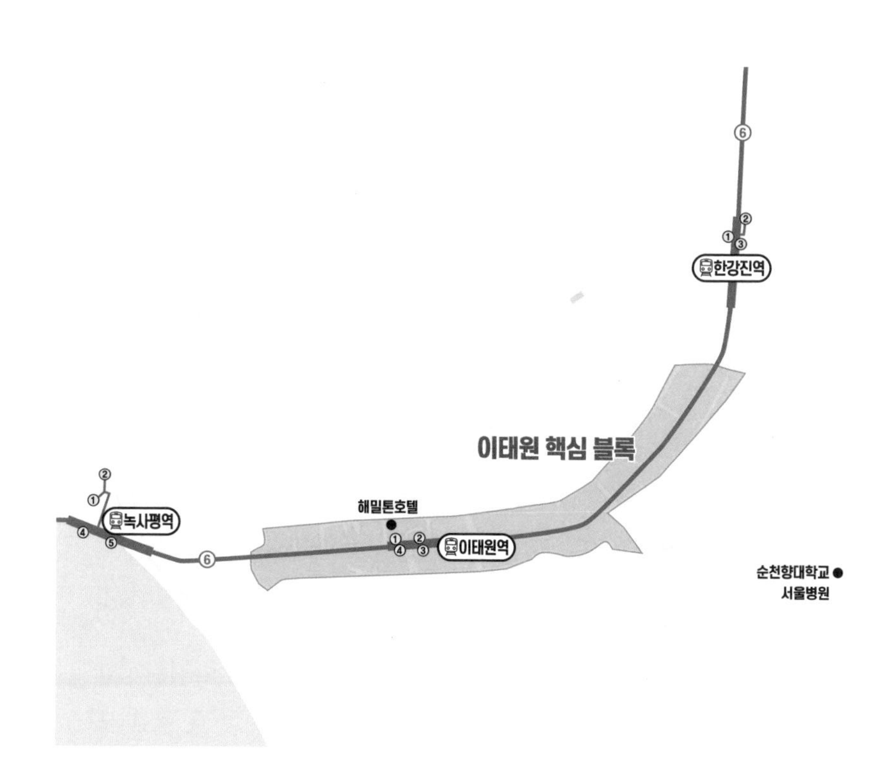

한남동은 최고의 주거 투자처로 각광받는 것에 비하면 건물 투자처로는 그다지 매력적이지 않다. 한남동 대부분은 주거 단지로 개발되고 있으며, 대사관 등 공공 부지도 많아 일반 건물이 들어설 곳이 마땅치 않기 때문이다.

이태원은 그 대안이 될 수 있다. 이태원은 한남동과 생활권이 묶이는, 재개발의 최대 수혜지다. 이태원은 한남동 거주민의 막강한 소비력을 떠받쳐줄 상권을 만들 수 있는 유일한 곳이기도 하다.

한남동 재개발이 완성되면 대한민국 최고급 주거지에 사는 사람들은 자신의 생활 수준에 맞는 상권을 찾게 된다. 압구정동 아파트를 배후로 둔 청담동 상권과 비슷하다. 실제로 이태원 한강진역에서 녹사평역으로 이어지는 상권이 주인공이 될 가능성이 높다. 이런 기대감이 현실로 이어진다면 이태원은 향후 10년 뒤 한남동 상권의 중심지로 도약할 수 있다. 지하철 6호선 라인의 이태원 대로변은 현재 건물 가격이 무척 비싸지만, 그럼에도 건물 투자 매력도는 충분하다.

이태원이 건물 투자처로 유망하다는 건 사실이지만 투자하기 전에 짚고 넘어가야 할 것이 있다. 대통령 집무실과 사저가 옮겨오면서 이태원 인근에 보안을 이유로 새로운 개발제한구역이 지정될 수 있다는 불안 요소가 생긴 것이다. 고도제한에라도 걸리게 되면 투자자는 막대한 손해를 입을 수밖에 없다. 용산공원 출입구가 어느 쪽에 만들어질지, 신분당선 동빙고역이 어느 곳에 위치할지에 따라서도 상권의 흥망성쇠가 달라질 수 있다. 이태원 블록 어느 곳이 투자 핫 플레이스가 될지 아무도 모르는 상황이라는 것이다. 지역에 따라 최고의 수익성을 낼 만한 곳이 있는가 하면, 리스크가 높은 지역도 있다는 것을 반드시 기억해 두자.

용산의 마지막 금싸라기 땅, 유엔사 부지

한남동뿐 아니라 용산에 남아 있는 대형 부지도 속속 개발이 시작되면서 기대감이 커지고 있다. 제일 먼저 스포트라이트를 받을 곳은 유엔사 부지다. 오랫동안 투자자들의 관심 대상이었던 유엔사 부지는 용산 개발계획 가운데 마지막 남은 알짜배기 땅으로 이름을 떨치던 곳이다. 용산구청에서 반포대교 가는 길에 위치하고 있으며, 규모 5만 1753m²를 자랑한다. 이 땅은 2017년 부동산 개발업체인 일레븐건설에 매각되었다. 낙찰 예정가인 8031억원보다 높은 1조 552억원의 통 큰 베팅으로 당시 세간의 큰 화제를 모았으며, 2022년 본격적인 부지 개발에 들어갔다. 일본의 롯폰기힐스를 모델로 한 복합단지를 꾸릴 계획으로 아파트와 오피스텔, 호텔과 쇼핑센터 등 각종 상업 시설이 함께 들어올 예정이다. 만약 이 계획대로 개발이 완료되면 한남뉴타운, 용산공원과 연결되면서 남산과 한강 변을 낀 신흥 거점 지역으로 탈바꿈할 수 있다.

유엔사 부지 얘기가 나올 때마다 항상 등장하는 곳이 미군 수송부 부지다. 미군 수송부대가 사용하던 땅으로, 유엔사 부지와 붙어 있다. 유엔사 부지가 개발되는 동안 수송부 부지의 개발 기대감도 함께 커진 것이 사실이다. 하지만 수송부대의 이전 계획은 오랫동

유엔사 부지 배치도

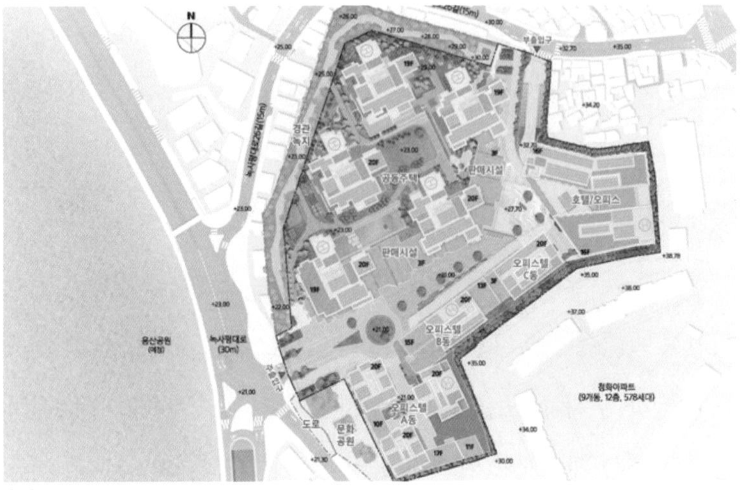

출처 서울시

안 수면 위로 드러나지 않아 투자자들의 애를 태웠다. 다행히 최근 수송부 부지를 사용하던 부대의 이전이 마무리 단계에 접어들면서 이곳의 개발계획도 가시권 안에 들어오고 있다. 수송부 부지 개발이 구체화되면 유엔사 부지와 더불어 이 지역의 핵심 사업 부지로 떠오를 것이 분명하다.

용산 건물 투자는 정치와 맞물린 리스크 체크해야

대통령 집무실의 용산 이전으로 투자 체크리스트가 하나 더 늘었다. 민감한 정치 이슈는 부동산 투자와 밀접하게 맞물릴 때가 많기 때문이다. 주거용인 아파트 투자는 큰 문제가 아닌데, 건물 투자는 이와 사정이 다르다. 인근이 고도제한지역이나 미관지구 등으로 지정되면 건물 수익을 내는 데 막대한 차질이 생긴다. 이태원에서 삼각지역으로 가는 집무실 주변이 특히 위험하다. 전쟁기념관 주변, 군부대가 관리하는 지역도 마찬가지다. 이태원역에서 녹사평역 가는 방향의 앞쪽, 특히 국제아케이드상가를 넘어선 지역의 건물 투자는 주의해야 한다.

하지만 정부가 이태원역 주변을 강하게 규제하기는 힘들어 보인다. 이곳은 용산과 한남동 일대의 소비를 받쳐줄 유일한 상권이기 때문이다. 또한 한남 재개발 1구역과 인접해 있어 규제할 경우 개발에 막대한 차질이 생긴다. 만약 한남동에 주택만 공급하고 상권을 만들어놓지 않으면 지역에 사는 주거민들은 멀리까지 이동해 소비를 해야 하는 불편한 상황에 놓인다. 주거지 인근에 근생 시설이 들어올 수 있는 터전을 만들어줘야 하는데, 그곳이 바로 이태원역과 한강진역 주변이다. 향후 이 두 곳은 한남동 전성시대가 오면 최고의 상권으로 거듭날 수 있다.

TIP

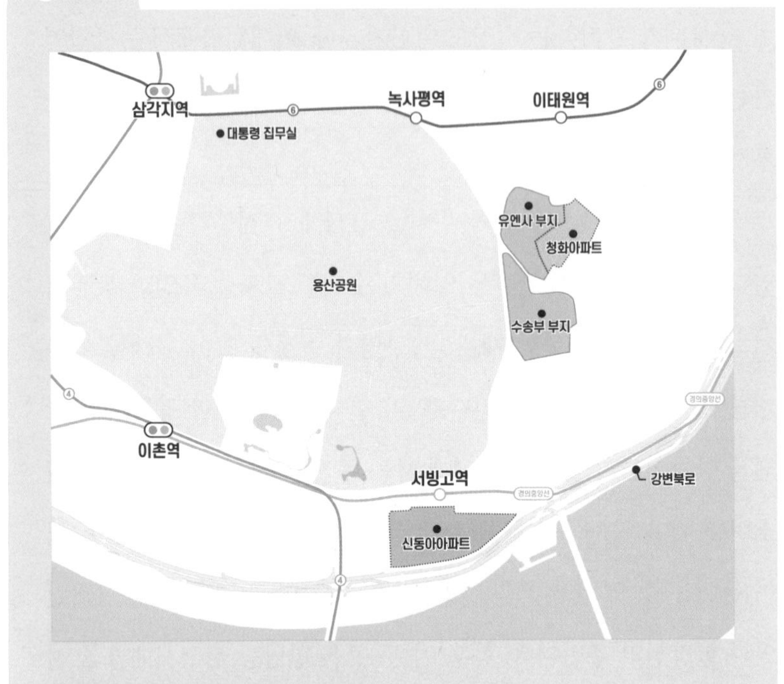

명품 주거 단지의 탄생, 신동아아파트 vs. 청화아파트

한남동 재개발과 함께 인접 지역인 동부이촌동과 이태원동의 오래된 아파트에 관심이 쏠린다. 특히 서빙고동 신동아아파트는 꿈의 아파트로 불린다. 대형 평형 위주로 구성되어 있는 신동아아파트는 자산가들이 많이 사는 곳으로 유명하다. 현재 지상철로 운행되는 서빙고역과 강변북로가 지하로 들어가면 신동아아파트는 탁 트인 한강 조망권과 함께 강남 연결성에서 최고의 입지를 누릴 수 있다. 이는 한남동 재개발 아파트도 넘보기 힘든 수준이다. 신동아아파트가 재개발되면 압구정 현대아파트와 더불어 대한민국 아파트의 미래를 끌고 갈 명품 주거 단지가 될 것이 분명하다.

이태원동 청화아파트 역시 복합개발되는 유엔사 부지, 수송부 부지와 인접해 있어 개발 수혜를 독점할 수 있는 만큼 투자 기대감이 커지고 있다. 재건축 후 고급 아파트로 변모할 가능성이 높은 청화아파트지만 한 가지 주의해 살펴봐야 할 것이 있다. 인근에 공공 부지가 많아 개발제한구역이 생길 수 있다는 것이다. 대통령 집무실 등 안보와 관련한 교통통제구역이라도 생기는 날에는 상황이 어떻게 변할지 알 수 없으니 계속 지켜봐야 한다.

한남동은 주거지역이 정리되고 각종 개발이 이뤄지면서 용산구의 새로운 스타 탄생을 예고하고 있다. 한강 변 일대와 서울 중심부의 스카이라인을 확 바꾸는 것은 물론 강남을 대체할 고급 주거지로 급부상할 전망이다. 아파트 투자에 관심이 많다면 한남동으로 갈 것을 권한다.

핵심 블록 탐구 02

건물이 나오면 무조건 사야 한다!

용산의 미래를 책임질 신용산~삼각지~효창공원앞역

신용산역에서 삼각지역 가는 길 대로변은 상업지로 지정되어 있고, 뒤쪽의 이면 도로 인근은 미군 기지가 있던 용산공원 때문에 개발이 늦어졌지만 이제 조건이 변해 투자 가능성이 높아지고 있다. 최근 오피스텔과 주상복합건물이 계속 생기고 있는 효창공원앞역 사거리 주변도 눈여겨봐야 한다. 투자할 물건이 제한적이라 희소성이 높다는 것도 매력적이다.

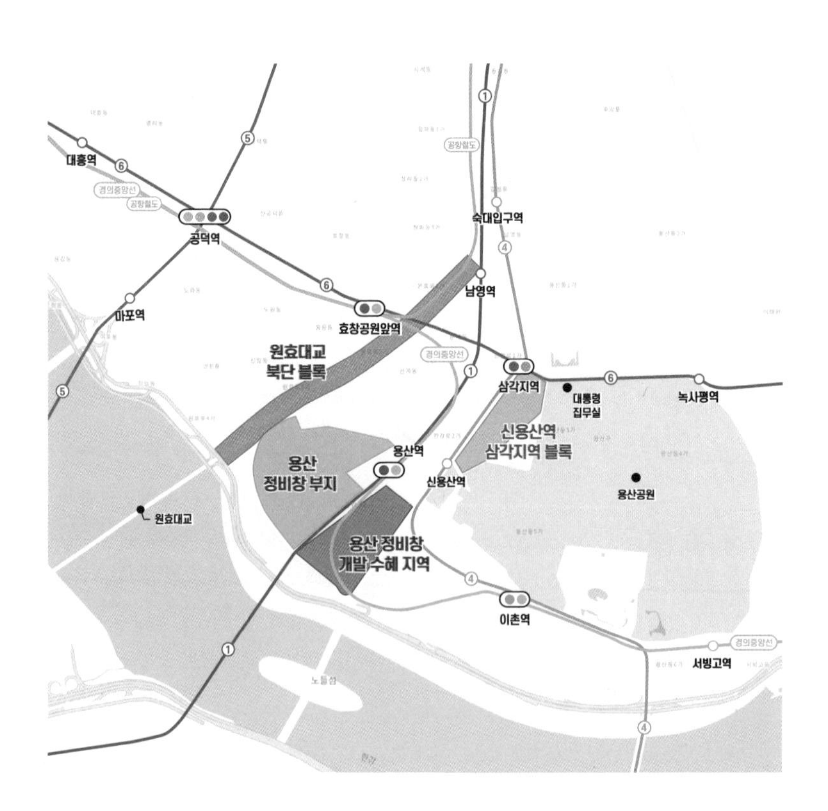

용산역과 신용산역 주변은 건물 투자하기가 쉽지 않다. 한강대교 넘어 용산으로 진입했을 때 대로변 대부분이 대형 건물 위주로 채워졌으며, 용산 정비창 부지와 삼각지역 주변 역시 재정비 지역으로 지정되어 건물 투자도, 개발도 쉽지 않게 되었다. 그럼에도 불구하고 삼각지역 주변과 신용산역 주변에 투자할 수 있는 건물이 나온다면 무조건 사두는 게 좋다. 살 건물도 몇 동 없지만 살 수만 있다면 사야 한다고 추천할 정도로 뛰어난 가치를 지녔다.

신용산역에서 삼각지역 가는 길 대로변은 상업지로 지정되어 있고, 뒤쪽의 이면 도로 인근은 2종일반주거지역과 3종일반주거지역이 섞여 있다. 지금까지는 미군 기지가 있던 용산공원 때문에 개발이 늦어졌지만 이제 조건이 변했으므로 새로운 가능성이 생겼다. 특히 신용산역과 삼각지역 사이의 꼬마 건물 투자 매력도가 가파르게 상승하고 있다.

용산 꼬마 건물 투자의 특징

용산의 꼬마 건물 투자자는 다른 지역 투자자와 성격이 다르다. 우선 건물 임대 수익을 기대하지 않는다. 비싼 땅값에 비해 임대료가 턱없이 낮기 때문이다. '임대 수익은 필요 없고 땅값 오르는 것만으로도 충분하다'고 생각할 수 있어야 투자가 가능하다. 실제로 이곳 건물주들은 자산가, 특히 현금 동원력이 뛰어나서 대부분 오랫동안 보유하고 있기 때문에 건물의 손바뀜도 적다.

건물을 살 때는 은행에서 최대 70~80%까지 대출을 해준다. 하지만 임대 수익이 낮은 곳은 이런 방식으로 투자하기 어렵다. 임대료만으로 대출이자를 감당할 수 없기 때문이다. 용산에서 100억원 건물을 매입한다면 자기 자본 80억원 정도는 있어야 버틸 수 있다. 아무나 투자할 수 없고, 들어간다고 해도 버티기 힘든 게 용산 꼬마 건물 투자의 특징이다. 그래서 투자 매력도는 더 높다. 투자 대상 물건이 적어 희소가치가 높은 데다 경쟁자는 제한적이고, 개발 투자 이익은 극대화할 수 있기 때문이다.

최근 이곳도 변화의 바람이 불기 시작했다. 오랫동안 잠들어 있다가 막 기지개를 켠 듯 새 건물이 곳곳에 생기고 지역 전체가 꿈틀거리고 있다. 드디어 '이제 뭔가 해도 되겠다'는 시점이 온 것이다. 자금 여력이 있다면 이 지역에 관심 가질 것을 권한다.

삼각지역과 신용산역 인근의 꼬마 건물은 지금까지 개발 제한에 묶여 있어 투자 매력도가 떨어졌다면 지금부터는 개발 기대감에 힘입어 땅값 상승이 유력한 건물 투자 최대 기대주다.

1블록 원효대교 북단

건물 투자자 입장에서는 이미 최고가를 형성하고 있는 용산 정비창 부지보다는 원효대교 북단 방면과 효창공원 인근으로 관심을 돌리는 것이 낫다. 이곳은 용산 정비창 부지에 비해 아직 땅값이 저렴한 데다 개발 호재가 무궁무진하다.

원효대교 북단은 과거 철공소 등 낡고 오래된 건물이 많은 낙후된 지역이었다. 하지만 지금은 다 사라지고 새로운 건물이 속속 들

원효대교 북단 대로변

어서고 있다. 원효대교 북단을 지나 효창공원앞역 사거리부터 용산보건소와 숙대입구역에 이르는 대로변이 특히 매력적이다. 이곳에 건물이 매물로 나온다면 무조건 사두어야 한다.

원효대교 북단에서 효창공원앞역은 용산 정비창 부지와 연결해 바라봐야 한다. 한국철도공사가 소유한 용산 정비창 부지의 매각 예정가는 8조~9조원으로 추정된다. 심지어 10조원 이상을 예상하는 사람도 있는데, 그만큼 이 땅이 갖는 미래 가치는 어마어마하다. 복합개발되는 정비창 부지에는 오피스, 호텔, 주거, 상업지 등 다양한 시설이 들어온다. 사람이 많이 유입될수록 오피스 상권, 근생 상권 등 반드시 필요한 상업 시설이 더 들어와야 한다. 그런데 정비창 부지 인근은 땅 면적이 좁아 한계가 있다. 어딘가로 확장될 상권이 필요한데, 원효대교 북단과 효창공원앞역 사거리가 바로 그 대안이 될 수 있다.

최근 효창공원앞역 사거리 주변으로 오피스텔과 주상복합건물이 계속 생기고 있다. 이곳은 대부분 상업지라 개발 시 수익률이 높다. 현장에 가보면 손바뀜이 많이 일어나고 있으며, 지역 전체가 들썩이는 분위기를 체감할 수 있다. 용산 정비창 부지 개발의 후광 효과를 톡톡히 누릴 수 있어 투자자도 많이 몰려드는 데다 투자 가능한 물건도 제한적이라 희소성이 높다. 하지만 잘 모르는 지역이라 사람들이 투자에 겁을 먹는 곳이기도 하다. 그 와중에 누군가는 투자를 감행해 큰 수익을 내고 있다.

용산은 현재가 아니라 미래 가치를 보고 투자하는 곳이다. 풍부한 상상력을 발휘해 지금 세상에 알려진 개발계획을 퍼즐 맞추듯 하나씩 맞춰가야 한다. 그리고 그 퍼즐 맞추기 끝에 새로운 세계를 그릴 수 있어야 한다. 대한민국에 이런 곳이 있었나 싶을 정도로 놀라게 될 것이다.

강남은 이미 개발이 끝나 신세계가 만들어지기에는 한계가 있다. 용산이 서울의 미래라고 말하는 이유다.

TIP

용산 정비창 부지 개발 계획

출처 서울시

초고층 복합단지로 개발되는 용산 정비창 부지

용산 정비창 부지가 국제업무지구로 개발될 전망이다. 오피스, 마이스 시설, 호텔 등 초고층 건물과 업무 시설, 상업 시설 등이 들어설 예정이며, 건물 높이 제한은 최대한 완화할 방침으로 알려졌다. 오랫동안 지지부진해 온 용산 정비창 부지와 그 일대 개발이 2023년 본격화되면서 용산구 전체에 막강한 영향력을 미칠 것으로 예상된다.

또한 용산역에서 용산공원으로 이어지는 지상에는 공원이 들어서고, 지하에는 복합문화공간을 마련한다. 서울시는 지상부의 50% 이상을 녹지로 조성하고, 차량은 지하로 통행할 수 있도록 교통체계를 구축할 방침이다 .

Youtube

빌딩의 신 유튜브 영상이 궁금하다면? QR코드를 스캔하세요.

핵심 블록 탐구 03

강동구 천호동과 비슷한 입지적 강점

마포구 핵심 상권, 합정역 일대

합정역은 지하철 2호선과 6호선이 만나는 더블 역세권에 강변북로와 올림픽대로 접근성이 뛰어난 강북의 교통 요지다. 또 미디어센터와 일반 기업, IT 센터가 위치한 상암동이 멀지 않다는 것도 강점이다. 또 다른 핵심 상권으로 꼽히는 공덕역은 대흥역 주변으로 조성되고 있는 신흥 학원가를 중심으로 눈여겨볼 필요가 있다.

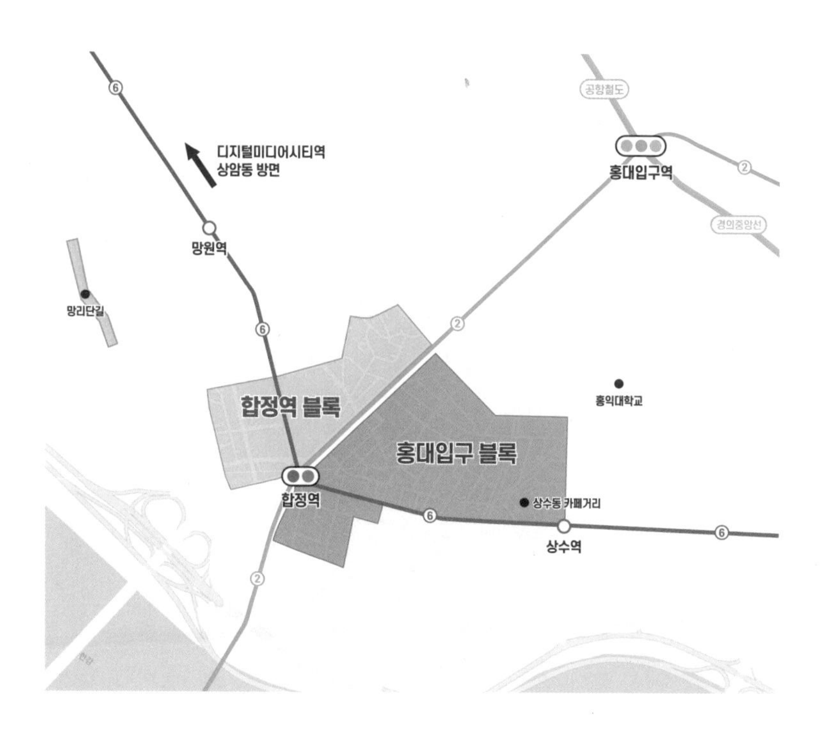

마포구에서 상권이 가장 좋은 지역 중 하나는 합정역 블록이다. 어쩌면 홍대입구나 신촌보다 이 블록 상권이 더 나을 수 있다. 홍대입구와 신촌은 학세권 상권과 일반 근생 상권이 주를 이룬다. 반면 합정역은 오피스 상권을 기반으로 일반 근생 상권, 항아리 상권이 복합적으로 얽혀 있어 기본기가 탄탄하다. 지금도 합정역 주변으로 끊임없이 개발이 진행되며 오피스 상권은 확장 중이고 지가도 계속 오르고 있다.

합정역은 지하철 2호선과 6호선이 만나는 더블 역세권에 강변북로와 올림픽대로 접근성이 뛰어난 강북의 교통 요지다. 미디어센터와 일반 기업, IT 센터가 위치한 상암동이 멀지 않아 서로 영향을 주고받으며 인근 지식산업센터까지 흡수한다. 디지털미디어시

핵심 상권이 된 합정역 사거리

티역과 합정역이 연결되면서 수색역을 기점으로 경기도 서북부 대규모 개발의 수혜도 기대할 수 있다. 편리한 교통 접근성을 통해 인근의 위성도시까지 아우르는 합정역은 강동구 천호동과 비슷한 입지적 장점을 누리는 마포구의 핵심 상권이다.

합정역과 함께 마포구 양대 오피스 상권으로 꼽히는 곳은 공덕역이다. 여의도와 가까워 오피스 상권의 장점을 누리는 데다 오피스텔도 많아 주거 배후지 역할도 한다. 그래도 건물 투자 면에서는 공덕역보다는 합정역이 낫다. 공덕역 주변은 이미 높은 건물이 들어와 있어 꼬마 건물 투자할 곳이 별로 없다. 차라리 공덕역과 대흥역 주변으로 조성되고 있는 신흥 학원가 주변으로 갈 것을 권한다.

꺼진 불도 다시 봐야 할 홍대입구와 신촌 건물 투자

홍대입구 상권은 누구나 알고 좋아하지만 현재 수익률이 그다지 만족스럽지 못하다. 중국인이 많이 투자했다가 지금은 빠져나가는 추세이며, 관광객과 학생들의 발길이 뜸해지면서 상권의 매력도가 하락하고 있다. 인근 '마래푸(마포, 래미안, 푸르지오)'를 비롯해 대단지 아파트가 많아 항아리 상권을 기대하는 이도 있으나 상황이 유리하지 않다. 이곳 주민들은 집에서 가까운 상가를 이용하거나 아예 강남으로 넘어가 소비하는 경향이 있다.

신촌과 이대역 블록을 포함해 홍대입구의 꼬마 건물 투자는 무척 조심스럽게 접근해야 한다. 건물에 투자할 때는 여러 가지 조건을 따져봐야 하는데, 특히 '누가 받아줄 것인가?'가 중요하다. 홍대입구에서 평당 2억원을 주고 건물을 샀다면 누군가가 그보다 높은 가격으로 건물을 사줘야 투자 수익을 낼 수 있다. 하지만 지금 홍대 입구는 투자자가 들어오는 타이밍이 아니다. 심지어 강남 투자자 중 홍대입구에 투자했던 이들도 빠져나가는 추세다. 강남의 건물주 역시 쉽게 홍대입구로 옮겨오지 않는다.

물론 코로나19가 잠잠해지고 학세권이 다시 활성화되면서 상권이 조금씩 살아날 수는 있다. 하지만 과거 화려했던 시절로 돌아갈 수 있을지는 미지수다. 이곳은 중국인 관광객이 많이 들어와야 흥하는 지역인데, 이미 트렌드가 바뀌어 예전 같지 않다. 최근 명동을 시작으로 외국인 관광객이 다시 유입되고 있다지만 상권 부활은 아직 역부족으로 보인다.

땅값이 단기간에 너무 많이 오른 것도 투자를 결심하는 데 큰 걸림돌이다. 이곳은 상업지가 많지 않다. 대부분 2종일반주거지역 혹은 3종일반주거지역이라 건물 면적을 넓힐 수 있는 방법이 별로 없는 악조건임에도 불구하고 땅값이 너무 높으니 꼬마 건물 투자자에게 조심하라고 얘기할 수밖에 없다.

홍대 인근에 투자하고 싶다면 급매로 나온 물건이거나 가시성이 높은 건물 등 확실한 물건 위주로 접근해야 한다. 이런 경우에도 지가 상승은 시장 상승률과 비슷하거나 더 낮을 수 있으니 이 또한 염두에 두자.

홍대입구의 건물 투자 매력도 하락, 왜?

홍대입구와 신촌 블록에 대해 투자 매력도가 떨어진다고 얘기하면 많은 사람이 "왜요?"라고 묻는다. 워낙 인기 지역이었기 때문에 다들 의아해하는 것이다. 홍대입구의 실질 전용면적당 임대 비용(NOC, Net Occupancy Cost) 지표는 여전히 높은 편이다. 외국인 관광객을 상대로 장사가 잘되던 곳이라 평당 30만~40만원의 임대료를 받을 수 있었는데, 이는 강남 임대료와 맞먹는다. 하지만 땅값은 이미 강남을 넘어섰다. 실제로 홍대입구 2종일반주거지역의 건물이 평당 1억원으로 강남보다 비싼 편이다.

홍대입구의 클럽 신scene 변화에도 주목해야 한다. 과거에는 외국인이 홍대 클럽을 많이 찾으면서 덩달아 내국인도 이곳으로 몰려들었고, 이는 지역 상권 활성화에 큰 도움이 되었다. 지금은 외국인 관광객이 없어 '노는 문화'가 약화한 데다 재미도 없어졌다. 외국인들이 빠져나가면서 클럽의 흥미 요소가 반감되었고, 내국인의 발길도 뜸해지면서 지역 전체 상권에 악영향을 미쳤다. 국내에 남아 있는 외국인도 강남 압구정 등지로 노는 곳을 옮겨가면서 홍대입구의 건물 투자 매력도는 계속 하락하고 있다.

핵심 블록 탐구 04

요즘 가장 핫한 지역이지만 투자는?

소셜벤처밸리 블록에 주목, 성수역 일대

성수동 하면 성수전략정비구역 사업이 가장 먼저 거론된다. 이 계획대로 한강 변을 따라 40~50층에 이르는 초고층 건물이 들어서면 성수동의 위상은 하늘을 찌를 것이다. 하지만 얼마나 시간이 소요될지 알 수 없다는 것이 문제. 그보다는 성수역 인근으로 조성되는 소셜벤처밸리 블록이나 서울숲역 인근 부영그룹 호텔 부지에 관심을 갖는 것이 좋다.

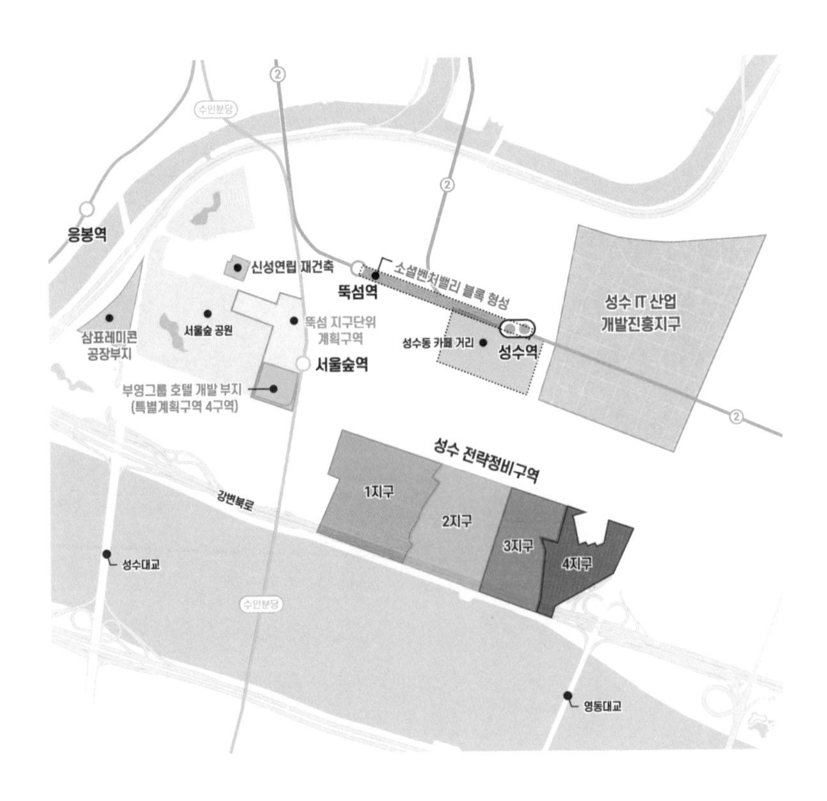

성수동은 유행을 선도하는 핫 플레이스다. 언론의 주목도가 높고, MZ세대에게 인기다. 하지만 건물 투자자라면 냉정하게 바라봐야 한다. 이곳은 한남동과 비슷하게 고급 주거지 위주로 꾸려져 있다. 한남동은 집값이 무척 비싼 편으로 '한남더힐'은 한 채에 100억원 수준이다. 하지만 세대 수는 600가구에 불과하다. '나인원한남'도 341가구다. 땅값은 비싸지만 거주민 수가 적어 주변 상권이 살아나기 힘들다. 일반인의 접근도 쉽지 않아 외부에서 인구가 유입되어 상권에 도움을 줄 수도 없다.

성수동이 한남동과 비슷해지고 있다. 트리마제, 갤러리아포레 등 고급 주거지가 들어서고 인근에 카페 거리 등이 조성되고 있지만 실제로 사는 사람의 수는 많지 않다. 하지만 땅값은 무척 비싼 편으로, 이면도 평당 2억원 선이다. 그런 만큼 건물 투자 수익성 면

에서 얻을 것이 별로 없다. 평당 8000만~1억원 수준이던 성수동 땅값이 순식간에 1억 5000만~2억원으로 뛰었지만 2억원에서 3억원으로 오르는 것은 또 다른 이야기다. 강남도 평당 1억 5000만~2억원은 도달했지만 3억원으로 가는 것은 여전히 어렵다. 성수동이 강남을 뛰어넘을 수 있으리라는 기대는 아직 이르다.

현재 성수동은 법인 사옥용 건물 위주로 거래가 이뤄지고 있다. 엔터테인먼트 기업이나 IT 등 벤처업체가 주로 찾는데, SM엔터테인먼트가 이곳으로 사옥을 옮겨 화제를 모으기도 했다. 개발자가 개발하는 오피스텔 혹은 지식산업센터 물건도 많다. 성수동은 분양을 주로 하는 개발 사업 대상지나 법인 건물 투자처로는 매력적이지만 일반인이 꼬마 건물 투자 수익을 내기에는 쉽지 않은 곳이 되었다.

성수전략정비구역 사업, 본격 궤도에 오를까?

서울시가 '2040 서울도시기본계획'을 발표하면서 성수전략정비구역 사업에 또 한번 관심이 집중되고 있다. 한강 변 일대 재개발로 50층 규모의 초고층 아파트가 들어설 것이 현실화되고 있기 때문이다. 만약 성수전략정비구역 사업이 본격 추진되면 그동안 건축심의를 넘지 못한 성수 1~4지구 개발에 숨통이 트일 수 있다.

성수동에 갖는 기대감은 성수전략정비구역 사업에서 출발한다. 이 계획대로 한강 변을 따라 40~50층에 이르는 초고층 건물이 들어서면 성수동의 위상은 하늘을 찌를 것이다. 하지만 사업이 현실

성수전략정비구역 사업 조감도

출처 서울시

화되기까지 시간이 얼마나 걸릴지는 예측하기 힘들다. 이주하는 데만 5년 이상 걸릴 수 있고 개발이 완료되기까지 짧게는 10년, 길게는 15년 이상이 걸릴 수 있다. 전략정비구역으로 개발되면 미래 가치도 풍부해지고 주변 지역 환경이 좋아지는 것은 확실하다. 하지만 열매를 맺기까지 시간이 너무 오래 걸리므로 건물 투자에 적합한 곳인지는 좀 더 고민해 봐야 한다.

소셜벤처밸리에 대한 기대감

성수전략정비구역보다는 성수역 인근의 소셜벤처밸리 블록이 오히려 더 매력적이다. 성수역 3번 출구를 기점으로 쭉 뻗은 직선 도로를 따라 벤처밸리가 조성되면서 부르는 것이 값일 정도로 땅값이 치솟았다. 현재 호가는 1억 5000만~2억원 선이다. 성수동 소셜벤처밸리는 IT 등 벤처업체와 공공 협력 기관이 모여 있는 곳으로 성수동 준공업지구의 이점을 누린다. 얼마 전에는 크래프톤과 무신사 등이 둥지를 트는 등 계속 확장되고 있다. 회사뿐 아니라 MZ세대가 선호하는 소비 상권이 합쳐지면서 유행의 중심지로 거듭나고 있다.

벤처밸리와 더불어 성수동에 호재가 하나 더 있다. 서울숲역 3번 출구와 인접한 부영그룹 호텔 개발 부지다. 뚝섬지구단위계획 특별계획구역 4구역으로 지정되었으며, 부영그룹이 사들여 착공을 앞두고 있다. 성수동에서 한강을 바라보는 가장 앞쪽의 땅으로, 최고의 입지와 조망권을 자랑한다. 부영그룹은 이곳에 호텔을 비롯한 고급 주상복합건물 등 복합단지를 조성할 계획이다. 인접한 곳에 이미 철수가 완료되어 개발만 남은 삼표레미콘 공장 부지도 있다. 서울시는 최근 이곳을 전 세계 최첨단 기업이 모이는 글로벌 미래업무지구로 조성하겠다는 계획을 발표했다. 관련 규제를 완화하고 국제 현상 설계 공모를 통해 혁신 디자인을 접목한다고 하는데, 이 청사진이 실현되면 성수동은 도시, 자연, 첨단산업, 문화가 어우러진 수변 복합도시로 탈바꿈하게 된다.

TIP

레벨 맞추기

특정 지역의 부동산 가격은 이웃한 다른 지역과 서로 영향을 주고받으며 상승한다. 한쪽 부동산 가격이 다른 쪽 가격대와 비슷해질 때 '레벨이 맞는다'고 표현하며, 이때 두 지역의 부동산 가격은 상호 보완적이다.

예를 들어 성수동이 단기간에 땅값이 급등해 평당 2억원이 되었을 때, 비슷한 상권인 건대입구는 상대적으로 지가가 더디 상승했다. 성수동은 준공업지역, 건대입구역은 상업지역임에도 성수동이 200% 가까이 오를 때 건대입구는 50% 정도 상승에 그쳤다. 가격 격차가 큰 것은 성수동 상권이 좋기도 하지만 여러 호재가 가격에 선반영되었기 때문이다. 미래의 성장 가치가 현재 가격에 반영되면서 성수동 땅값이 급등할 수 있었다. 건대입구는 상대적으로 호재가 적어 화제성에서 밀렸다. 하지만 이제 성수동의 호재는 나올 만큼 나왔으므로 지금과 같은 상승 곡선을 기대하기는 힘들다. 얼마간 숨 고르기를 하며 현재 가격을 유지할 가능성이 높다. 투자자는 땅값이 저렴한 인근 지역으로 눈을 돌릴 수밖에 없다.

건대입구 땅값이 성수동의 절반 수준이라 투자자 입장에서는 싸다고 생각한다. 상권이 비슷하고, 서로 이웃해 있으니 언젠가는 건대입구도 성수동 가격대를 따라갈 것이라고 예측하며 투자를 감행한다. 건대입구의 땅값이 상승 곡선을 그리다 어느 순간 성수동과 비슷해지는 시기가 오면 투자자는 '비슷한 가격이라면 성수동이 낫다'고 판단하며 다시 성수동으로 관심을 돌린다.

이렇게 상대적으로 저평가된 지역과 그렇지 않은 지역이 레벨을 맞춰가기도 한다. 성수동은 건대입구 땅값에 영향을 받으며, 건대입구가 많이 올라 투자 매력도가 떨어지면 다시 성수동은 3억원대를 향해 갈 수 있다. 성수동 건물 투자 시점은 바로 이때가 될 것이다.

서울숲과 인접한 단독주택단지 급부상

서울숲역 5번 출구, 뚝섬역 8번 출구와 연결되는 단독주택 부지에 관심이 쏠리고 있다. 이곳은 서울숲과 딱 붙어 있으며, 갤러리아포레 등 고급 아파트 단지와 이웃하며 같은 영향권 아래 놓여 있다.

개발 움직임은 이미 시작됐다. 신성연립이 재건축 조합을 결성해 개발 신호탄을 쏘아 올렸다. 지금 이곳은 카페 골목으로 변신 중이다. 저층 단독주택을 개조한 곳에 맛집, 커피숍, 패션 숍, 팝업스토어, 소품점 등이 속속 입점하고 있다. 골목 전체가 북촌이나 서촌의 카페 골목처럼 트렌디하게 변하고 있어 찾는 사람도 많다. 접근성도 우수하다. 서울숲과 붙어 있어 공원 산책을 나온 사람들이 이곳에 들러 밥도 먹고 커피도 마시는 등 소비활동을 벌인다. 지하철 2호선 뚝섬역에서 내려가는 길과 수인분당선 서울숲역에서 올라

서울숲 인근 카페 골목

오는 길이 로터리 형태로 만나고 있어 상권 활성화에 도움이 된다. 뚝섬역 블록으로 연결되면서 상권도 계속 확장하고 있다. 인기가 높아지자 땅값 역시 급상승하고 있다. 뚝섬역 6번 출구 인근의 건물 부지가 3년 전 평당 6000만원 수준이었는데 현재 1억 8000만~2억원을 호가한다. 단기간에 너무 빨리 올라 가격 저항감이 상당하다는 것이 성수동 인근의 특징이라는 것도 기억해 두자.

정리하자면, 성수동은 개발 호재가 풍부하다. 호재의 실제 가치가 어떨지는 알 수 없지만 그 자체로 화제성을 모으기 때문에 지가 상승에 대한 기대감은 긍정적이다. 성수전략정비구역, 삼표레미콘 부지 개발, 부영그룹 호텔 개발, 신성연립 재건축, 소셜벤처밸리 등 다양한 호재가 있는데, 이 중에서도 최고는 소셜벤처밸리다. 정책적으로 준공업지역의 복합개발을 허용해 줌으로써 용적률 상향이 기대된다.

성수동의 미래 가치는 높지만 땅값에 너무 빨리 반영되었다는 것이 건물 투자자에게는 아쉬운 점이다. 성수동에 관심이 많다면 당분간은 지켜보자. 그러다 어느 순간 인근 지역과 레벨이 맞춰지면 그때 들어가도 늦지 않다.

TIP

부동산 복리 효과의 최종 승자

땅값은 은행 이자에 비유하면 복리로 오르는 개념이다. 인상분에만 부가가치를 매기는 것이 아닌, 인상분을 포함한 전체 액수를 기준으로 가치가 매겨진다. 1년 전 100만원 하던 땅값이 120만원 오르면 인상분 20만원만 떼어 계산하지 않고 원리금 100만원을 더한 120만원을 대상으로 가치를 산정한다. 시간이 흐를수록 가치가 복리로 상승하니 부동산 투자가 매력적일 수밖에 없는 것이다.

성수동에서 실제로 돈을 많이 번 사람은 오래전 이곳에 둥지를 마련한 이들이었다. 20여 년 전 아무도 거들떠보지 않을 때 과감히 들어와 사업을 벌이거나 공장을 소유한 이들이 최종 승자가 되었다. 이처럼 부동산은 결국 시간이 해결해 주는 게임이기도 하다.

핵심 블록 탐구 05

상권 이동 방향을 눈여겨봐야 한다

자양동과 화양동으로 나뉘는 건대입구역 블록

건대입구역 주변으로 뜨고 지는 상권의 흐름을 읽을 필요가 있다. 로데오거리가 뜨면서 단기간에 땅값이 오르며 투자 열기가 일었던 자양동 지역은 지구단위계획에 묶여 힘을 잃고 있는 반면, 화양동 상권이 무섭게 뜨고 있다. 학세권 영향력까지 가세해 메인 골목뿐 아니라 작은 골목까지 식당과 술집으로 먹자골목을 형성하며 계속 확장 중이다.

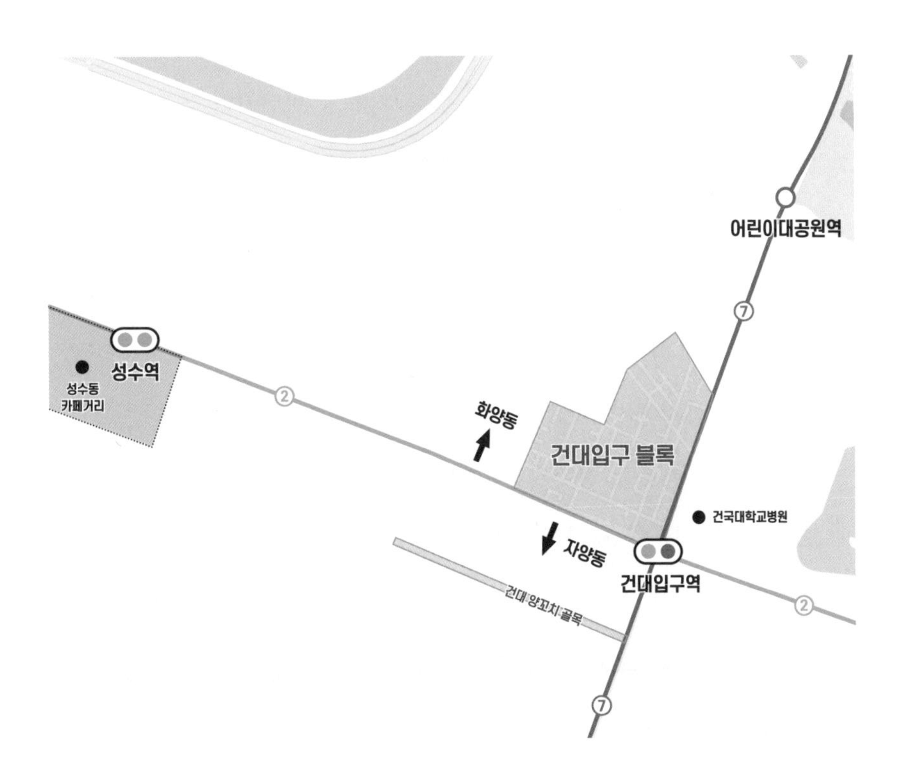

건대입구역 5번 출구 방면은 행정구역상 자양동이다. 위쪽은 화양동이니 도로 하나를 사이로 지역이 나뉜다. 중국음식 골목으로 유명한 자양동 지역은 양꼬치 골목으로도 불린다. 대부분 일반주거지역으로, 골목 안쪽으로 작은 건물이 많다. 이곳에 투자하는 이들은 식당 등 자기 사업을 하거나 직접 살면서 상가를 꾸리는 경우가 많다. 대부분 꼬마 상가주택이며, 시세차익보다 시장 상승분 수준의 지가 상승을 기대할 수 있다. 로데오거리가 뜨면서 단기간에 땅값이 오르는 것처럼 보였으나 지금은 잠잠하다.

이곳은 지구단위계획에 묶여 개발이 어려워지면서 거래량이 크게 줄었다. 양꼬치 유행이 빨리 사그라진 것도 상권 악화에 영향을 미쳤다. 양꼬치 골목이 한창 번성했을 때는 대형 식당이 들어와 지역 분위기를 이끌었으나 지금은 골목 전체가 썰렁하다. 유행이 빨리 만들어지고 사라지는 우리나라 특성상 시류를 따라잡지 못하면 상권이 도태될 수밖에 없다. 상대적으로 위쪽 화양동 블록과 비교되며 힘을 잃어가고 있다.

화양동과 상권이 연결되면 좋겠으나 지상철이 가로막고 있어 그마저도 쉽지 않아 보인다. 도로 위로 지하철 2호선이 다니는데, 횡단보도를 이용해 건너가는 것조차 부담스러울 정도로 단절성이 크다. 고가 때문에 지역이 어두워 보이고 골목도 좁아 사람들이 진입하기를 꺼린다. 자양동에 CGV 영화관이 들어오면서 사람들이 많이 유입될 것으로 기대했지만 생각처럼 활성화되지 못하고 있는 것도 이런 이유다.

화양동의 놀라운 확장력

건대입구 상권의 꽃은 화양동이다. 지하철 7호선 건대입구역 3·4번 출구와 2호선 1·2번 출구를 이용하는데, 특이하게도 길 건너편에는 출구가 아예 없어 사람들이 화양동으로 몰릴 수밖에 없다. 지하철 출구 위치뿐 아니라 사람들의 이동 동선도 편리하다. 4번 출구로 나오면 곧바로 횡단보도와 연결되며 지상으로 편리하게 오갈 수 있다. 많은 사람이 이 횡단보도를 이용해 화양동 골목으로 접근한다. 특정 지역의 상권은 사람들이 어떤 방향으로 이동하느냐에 따라 영향을 크게 받는다. 이곳 역시 사람들이 횡단보도를 건너와 이동하는 동선마다 상권이 만들어졌다. 일직선으로 뻗은 메인 골목뿐 아니라 연결된 작은 골목까지 온통 식당과 술집으로 곳곳에 먹자골목이 형성되어 있으며, 상권은 계속 확장 중이다.

성수동 상권도 크다고는 하지만 땅 자체가 좁기 때문에 확장성에는 한계가 있다. 그나마 가능성 있는 부지에는 지식산업센터, 공장, 업무 시설 등이 많다 보니 제아무리 트렌디한 곳이라고 해도 들어갈 수 있는 음식점이나 술집 개수는 제한적일 수밖에 없다. 하지만 건대입구 화양동은 성수동과 상황이 전혀 다르다. 대부분 2종일반주거지역으로 단독주택이 많고 땅 면적도 넓다. 주택을 개조해 상업 시설을 들일 수 있어 차량이 다닐 만한 길이라면 어디든 음식점, 카페, 술집 등으로 변모하고 있다. 이런 확장성은 이제 서울 다른 곳에서 찾기 힘들 정도로 거대한 규모로 이루어지고 있다.

학세권 영향력도 크다. 이곳은 건국대학교 바로 앞인 데다 위쪽으로 세종대학교를 커버하며 한양대학교까지 아우른다. 또한 지하철 2호선과 7호선이 지나는 더블 역세권으로, 광진구 인구뿐 아니라 강북 위쪽인 노원구와 중랑구 인구까지 흡수하고 있다. 심지어 성수동에서 넘어오는 인구도 많다. 성수동은 카페가 많아 늦게까지 술 마시고 노는 분위기가 아니다. 건대입구에 사람들이 넘쳐날 수밖에 없다.

블록 전체가 근생 상권으로 채워지다!

건대입구역에서 한 정거장만 가면 어린이대공원역이다. 과거 집창촌이 있던 자리인 4번 출구 방면은 지금 오피스텔을 비롯해 대부분 주거 시설로 바뀌는 중이다. 개발은 3~5년 사이에 마무리될 것으로 보이며, 입주가 끝나면 입주민을 위한 상권이 필요해질 것이고, 이곳 어딘가에 상권이 형성되면 자연스럽게 건대입구역과 연결될 가능성이 높아진다. 화양동 쪽에서 치고 올라오고 어린이대공원역에서 밀려 내려오는 형국으로 두 상권이 결합되면 건대입구 상권 규모는 지금보다 훨씬 커질 수 있다.

서울 전역을 통틀어 화양동처럼 블록 전체가 근생 상권으로 꾸려지는 곳은 찾기 힘들다. 합정동이나 신촌도 이 정도 규모는 아니다. 상권이 젊고 트렌디하다는 것도 장점이다. 유행이 지난 자양동과 달리 이곳은 새로운 트렌드가 쏟아져 들어오며 새로운 볼거리와 먹거리가 계속 제공되고 있다.

주택 구입 후 용도변경하면 가치 급상승

높은 인기 덕분에 화양동 일대 땅값이 많이 올랐다. 전철역에서 가까운 지역은 안쪽이 평당 8000만~1억원 선이다. 골목 안쪽까지도 가격이 급등했는데, 대치동에 버금갈 정도다. 대치동이 골목마다 학원이 들어서는 것처럼 이곳 역시 골목만 생기면 전부 근생 시설이 들어오고 있다. 처음에 정중앙부터 시작해 지금은 블록 안쪽 끝까지 먹자골목을 형성하고 있다.

건물 투자를 하려면 가급적 메인 도로 쪽으로 가는 것이 유리하다. 이곳은 2종일반주거지역으로 대부분 단독주택 부지다. 주택 매입 후 용도변경을 한 후 리모델링을 진행해 카페, 레스토랑, 술집 등을 입점시켜 수익률을 높일 수 있다. 유동 인구가 많으면 임대료가 상승하고, 임대료가 높아지면 권리금이 형성된다. 권리금이 형성되면 땅값도 높아진다. 건대입구는 계속해서 상권이 확장되고 인구 유입도 늘고 있으니 상권이 크게 흔들릴 지역이 아니다. 들고만 있어도 실패할 확률이 거의 없다.

TIP

군자역 지구단위계획구역도

출처 광진구

군자역 상업지 지정의 의미

군자역 인근에 대형 개발 호재가 생겼다. 16만m^2 규모 부지가 복합개발을 위한 지구단위계획구역으로 확정된 것이다. 일반주거지역에서 상업지역으로 용도변경이 가능해지면서 투자 매력도가 급상승하고 있다. 상업 용도로 바뀌면 용적률이 최소 400%에서 많게는 800%까지 높아진다.

군자역 사거리는 지금까지 낡고 노후한 지역으로 인식되어 왔다. 주변과 비교해 개발이 거의 이뤄지지 않아 상대적으로 낙후될 수밖에 없었다. 하지만 동부간선도로 지하화 계획이 발표되면서 분위기가 반전했다. 장마철만 되면 중랑천이 범람해 침수되던 동부간선도로가 지하로 들어가고 상부가 공원으로 개발되면 군자역 사거리 일대는 완전히 달라진다. 동부간선도로 지하화 이슈가 군자역 사거리 인근 상업지 지정의 핵심축에 놓인 것이다.

장한평역과의 연결성도 중요하다. 장한평은 중고차 매매 시장으로 유명하지만 국민

연금공단을 비롯한 관공서도 많고 고층 업무 시설, 청년주택, 오피스텔이 많이 들어와 있는 상업지다. 군자역이 장한평역과 막힘 없이 연결되고 군자역 사거리의 고밀도 복합개발이 이뤄지면 두 지역이 서로 시너지를 일으키며 지역 전체를 업그레이드할 수 있다.

이곳은 땅값이 평당 8000만원 선으로 아직 저렴한 편이다. 상업지가 8000만원이면 결코 비싼 가격이 아니다. 당장 임대료 상승을 기대할 수는 없겠지만 땅값은 오를 여지가 충분하다. 규제를 풀어준 것만으로도 상당한 효과가 있으므로 앞으로 군자역 주변을 유심히 살펴볼 필요가 있다.

Point of View.

용산이 좋아?
강남이 좋아?

용산의 미래에 눈뜨면 "용산이 좋아? 강남이 좋아?"라는 질문을 하게 된다. 이는 마치 "엄마가 좋아? 아빠가 좋아?"라고 묻는 것과 다르지 않다. 강남은 강남대로, 용산은 용산대로 매력 넘치는 곳이기 때문에 투자자 자신이 무엇을 원하는지에 따라 달라진다. 건물 투자에 관심이 많다면 강남이 매력적이다. 강남 건물 개발은 그 한계가 어디라고 말할 수 없을 정도로 깊고 넓다.

주거 투자에 관심이 많다면 용산으로 가야 한다. 한남동을 비롯한 용산 주거지역은 대한민국 주거 시설의 미래다. 구입할 수 있는 기회가 오면 언제든 사두는 게 좋다. 물론 용산에도 건물 투자 매력도가 높은 지역이 있지만, 진정한 투자자라면 건물 확보 이전에 땅에 투자할 것을 권한다. 그리고 그 땅에 건물을 지을 시점은 강남보다 약간 늦게 잡는다. 그 시점은 강남에서 거둘 수 있는 최대의 투자 수익 구조를 용산에도 적용할 수 있을 때다.

용산은 강북이다. 지금까지 부동산 투자의 모든 스포트라이트가 강남을 향해 있었다면 이제는 강북으로 옮겨지고 있다. 강남은 그동안 쥐고 있던 기득권을 놓지 않으려고 애쓸 것이다. 실제로 강남은 끊임없는 재건축과 재개발을 통해 도시 노후화를 막고 있다. 땅값도 계속 상승하고 있으며, 재개발 이슈도 끊임없이 만들어낸다. 현재 용산과 강남 중 어느 곳이 우위라고 말하기는 어려우며, 개발 축이 용산과 강남 두 곳으로 나뉘어 움직인다고 보는 게 정확하다.

정치적 관점에서 부동산 투자 시장을 바라보면 새로운 개발 이슈는 필요 불가결이다. 재임 기간 동안 자신의 업적을 만들어야 하는 정치인 입장에서는 더욱 그렇다. 그 핵심 지역이 용산인 것이다. 여기에 더해 종로와 을지로 등 올드타운의 잠재 가치도 새롭게 조명되고 있다. 종로구는 대한민국 기득권층과 자산가들이 30~40년간 버티고 있는 곳이다. 만약 용산이 개발되면서 이들의 올드 머니가 옮겨오면 용산의 가치는 더욱 높아질 것이다.

핵심 블록 01

올드한 이미지 벗고 있는 교대역~서초역

핵심 블록 02

최고의 주거지역으로 변모할 방배동 정비사업구역

핵심 블록 03

일대 최대 상권으로 부상할 사당역~이수역

핵심 블록 04

초보 투자자에겐 어려운 노량진역~신대방삼거리역~보라매역

핵심 블록 05

재개발 이슈로 날개 단 신림역~서원역

핵심 블록 06

특이한 공생관계 영등포역 주변

05 CHAPTER

한강 이남의 요지들

서초·동작·관악·영등포구

05

도봉구
노원구
강북구
은평구
성북구
중랑구
서대문구
종로구
동대문구
강서구
마포구
중구
성동구
광진구
강동구
용산구
양천구
영등포구
구로구
동작구
송파구
강남구
서초구
금천구
관악구

About Location

서초·동작·관악·영등포구

SEOCHO·DONGJAK·GWANAK·YEONGDEUNGPO-GU

한강 이남 지역에서는 강남구를 제외하고는 투자자의 관심도가 조금씩 낮아진다. 그렇다고 해도 반드시 살펴봐야 할 지역들이 있다. 지금부터 한강 남쪽에 자리한 건물 투자 요지들을 찾아 나서 보자.

서초구

용산과의 뛰어난 접근성이 최대 이슈

서초구는 강남역 서쪽 방향에서 시작해 사당역 왼쪽까지 아우른다. 한강을 사이에 두고 용산과 마주 보고 있으며, 강남구와 함께 국내 최고 집값을 자랑한다. 특정 단지의 경우 강남구 아파트를 능가할 정도로 높은 가격대를 형성하고 있다.

서초구를 이해하려면 마주 보는 용산과의 접점에 주목해야 한다. 용산구는 서울에서도 꽤 큰 면적을 차지하고 있지만 막상 따져 보면 가용할 수 있는 땅이 많지 않다. 용산공원이 용산구 면적의 반을 차지하고 있으며, 남산 일부분도 포함된다. 곳곳에 국가 공공기관도 자리하고 있다. 과거 용산은 낙후된 구도심이었지만 지금은 재개발의 핵심 지역인 데다 행정부의 중심지다. 용산 정비창 부지 사업을 비롯해 한남 재개발까지 완성되면 용산은 미래 서울의 심장부 역할을 할 수 있다.

용산이 핵심 거점 도시가 되면 사람들이 몰려들 것이다. 그러나 용산은 이 수요를 받아줄 땅이 많지 않다. 결국 다른 곳으로 눈을 돌릴 수밖에 없는데, 그 대안이 바로 서초구다. 한강을 사이에 두고 용산구와 마주 보고 있는 서초구는 한남대교와 반포대교, 동작대교 등 3개의 한강 다리를 통해 빠르고 긴밀하게 연결된다. 한남동 재개발이 완성되면 한남대교를 통한 한남동과의 연결성 역시 지금과는 다른 차원으로 전개될 것이다.

대한민국 고위 공무원이 모여 사는 곳

서초구는 강남 인근의 넘쳐나는 주거 수요를 받쳐주기 위해 대단지 아파트 위주로 개발되었다. 현재 서초동과 반포동, 잠원동 일대의 아파트는 강남구와 어깨를 나란히 하거나 특정 단지의 경우 강남구 아파트를 능가할 정도로 높은 가격대를 형성하고 있다. 현재 재건축 중인 반포 주공아파트를 비롯해 서초구 일대 구축 아파트가 신축 아파트로 거듭나면 고급 주거지 이미지는 한층 견고해질 것이다.

서초구에는 법조타운이 있다. 반포동 뒤쪽으로 대법원, 서울고등법원, 서울중앙지방법원 등을 비롯해 대검찰청, 서울고등검찰청과 중앙지방검찰청 등 국내 핵심 사법기관들이 줄줄이 자리하고 있다. 여기에 국립중앙도서관과 서울지방조달청까지 포함하면 대한민국 수많은 법조인과 관계자, 정부 고위 공직자가 일대에 모여 있는 셈이다. 공무원 중에서도 고위 공직자, 특히 대한민국에서 날고 긴다는 사람이 많은 것으로 유명한 서초동 일대 아파트 가격은 서울 최고 수준이다. 강남구와 서초구는 주거 선호 경향성이 전혀 다른데, 아파트 가격이 비싸기로는 압구정동이나 성수동 갤러리아포레, 트리마제 등도 유명하지만 서초동의 조용하고 점잖은 분위기를 따라가기는 힘들다.

최근 들어서는 용산 접근성이 뛰어나다는 장점이 추가되었다. 대통령 집무실과 근거리에 위치함으로써 국가 위기 시 밀접하게 움직일 수 있는 거리에 있는 지역은 용산구 이촌동과 한남동, 서초구 반포동 정도다. 한남동은 현재 재개발 중이지만 완성된다고 해도 수용할 수 있는 주거 시설 규모는 제한적이다. 따라서 이를 받아줄 곳으로 서초구가 지목되는 것이다. 현재 재건축 중인 반포1주구와 3주구가 새 아파트 단지로 거듭나면 반포동은 한남동과 더불어 고급 주거지로 재탄생할 것이다.

동작구

한강 이남 상권을 장악하라!

동작구와 관악구, 영등포구는 한강 남쪽에서 재개발 이슈를 선점하고 있는 지역이다. 특히 사당역에서 이수역 블록은 한강 이남에서 상권이 가장 발달한 곳으로 꼽는데, 이수역 주변은 반포 재건축에 힘입어 상권의 변화와 업그레이드를 기대하고 있다.

동작구에서 관심을 갖고 지켜봐야 할 또 다른 지역은 크게 두 군데다. 오래전부터 개발 이슈로 인기를 모았던 노량진역과 최근 거래가 많이 이뤄지고 있는 7호선 라인의 보라매역, 장승배기역, 상도역 주변이다. 노량진역 주변은 전통적으로 상권이 활발한 지역으로 개발 후 투자 이익도 기대할 수 있는 입지여서 오래전부터 건물 투자자들이 선호해 왔다.

노량진 학원가 인근 상권

관악구

신림선 개통으로 호재 만발

경전철 신림선이 2022년 5월에 개통했다. 교통의 불모지였던 서울 서남부권의 남북 방향이 연결되면서 인근 지역의 인기가 하늘로 치솟고 있다. 관악구 핵심 상권은 서울대입구역에서 신림역까지 이어지는 지역으로, 현재 이곳은 '천지가 개벽한다'고 할 만큼 엄청나게 많은 것이 바뀌고 있다. 특히 서울대 인근 서울대벤처타운역과 서원역 등이 최고 수혜지로 떠올랐다. 현재 재개발 중이거나 개발을 눈앞에 둔 관악구 신림역 인근의 미래 가치는 반드시 살펴봐야 할 곳이다.

관악구는 예전부터 인구 밀집도가 높기로 유명했다. 현재 약 49만

빌딩의 신 유튜브 영상이 궁금하다면? QR코드를 스캔하세요.

명이 살고 있는 관악구는 송파구와 강서구, 강남구, 노원구에 이어 서울에서 인구 5위를 자랑한다. 강남권에 비해 상대적으로 집값과 생활물가가 저렴해 학생을 비롯한 일반 서민이 주로 살고 있으며, 상권도 이에 맞게 잘 발달했다. 그중에서도 신림동은 인구 밀집도에서 최고 수준이다.

현재 이곳은 대부분 공사판이라고 할 정도로 개발이 한창이다. 가격도 많이 올랐다. 평당 2000만원에서 4000만원 이상으로 뛰었는데, 입지에 따라 더 높은 가격을 부르기도 한다. 하지만 가격 자체가 워낙 저렴하기 때문에 투자자 입장에서는 매력적이다. 원래도 유입 인구가 많아 서울 시내 건물 중에서도 임대 수익률만 놓고 보면 상위권에 속하는 곳이었는데, 지금은 개발 가능성이 더 높아졌고 상권도 워낙 좋기 때문에 꾸준한 임대료 상승도 기대되는 등 건물 투자의 최고 요지다.

영등포구

서남부 지역의 중심 상권으로 거듭날 이곳!

영등포구는 서울의 상권 지도에서 유서 깊은 전통을 지닌 곳이다. '영등포의 동쪽 지역'이라는 의미의 '영동'은 한때 영등포의 세력이 얼마나 강했는지를 핵심적으로 보여준다. 구도심 가운데에서도 다양한 이슈가 모여 재개발의 핵심지로 떠오른 여의도와 영등포역 일대도 함께 살펴보자.

자타 공인 한국의 금융 허브인 여의도는 값비싼 대형 건물이 대부분이라 일반 투자자가 접근하기 까다롭다. 그나마 여의도에서 건물 투자처로 꼽는 곳은 여의도역 주변이다. 지하철 5호선과 9호선이 만나는 더블 역세권으로, 5번 출구에서 나오면 대형 구분 상가를 볼 수 있는데 인근에서 장사가 가장 잘되는 곳이다. 여의도역을 중심으로 주변부에 꼬마 건물이라고 부를 만한 건물이 몇 동 있긴 하지만 투자 금액대가 높아 일반인이 접근하기 쉽지 않다.

여의도는 시장 상승률을 따라 꾸준히, 지속적으로 지가가 상승하는 안정적인 투자처이기는 하지만 투자의 본질적 측면을 고려할 때 적극적으로 추천하기는 어렵다. 진정한 투자자라면 시장 상승률을 상회해 '남들 오르는 것보다 더 많이 오를 곳'을 찾아내야 한다. 대부분이 상업지인 여의도는 땅값이 비싸 투자금은 많이 들어가는데 상대적으로 수익률은 평범하므로 차별성이 높지 않다. 영등포구에서 관심을 가져야 할 지역은 영등포역 주변이다.

핵심 블록 탐구 01

자체 동력만으로도 견고한 상권

올드한 이미지 벗고 있는 교대역~서초역

이 지역은 외부에서 인구가 유입되는 상권이 아니라 내부의 자체 소비활동을 통해 상권이 형성되는 특징이 있다. 소비력이 높은 사람들이 살고 있어 상권이 고급스럽고 객단가 또한 높다. 또한 법조타운을 배후지로 두고 있는 교대역과 서초역 모두 관공서 업무와 연관된 오피스 상권이 넓게 펼쳐져 있어 웬만한 경기변동에는 흔들리지 않는다.

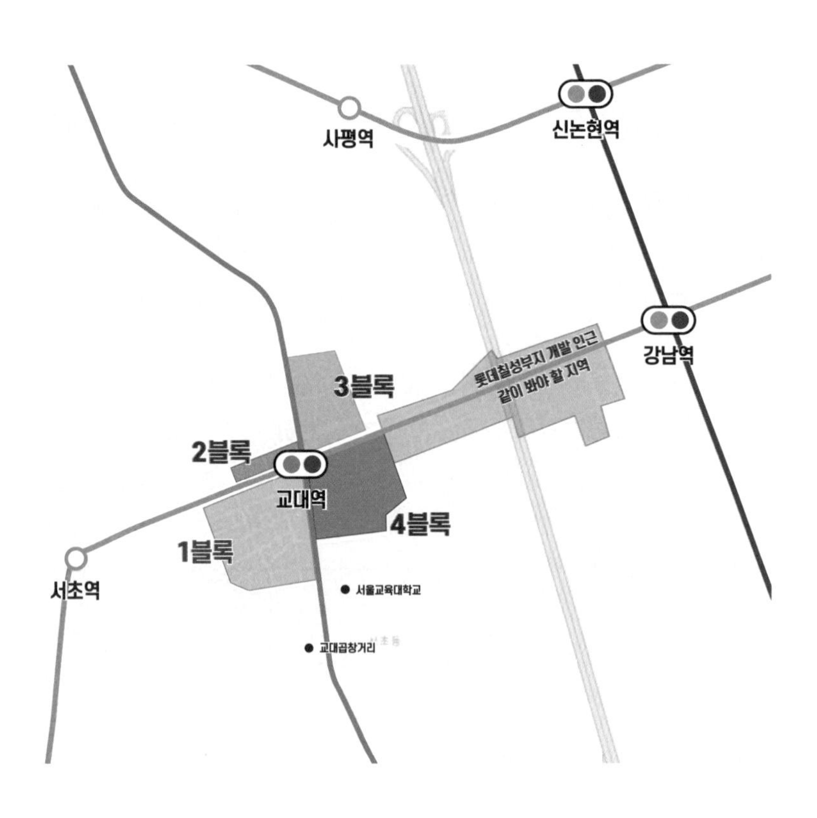

지하철 3호선 교대역과 서초역 라인은 9호선 고속터미널역과 구반포역 라인의 성격을 띤다. 외부에서 인구가 유입되는 상권이 아니라 내부의 자체 소비활동을 통해 상권이 형성되는 특징이 있다. 소비력이 높은 사람들이 살고 있어 상권 퀄리티가 높고 고급스러우며, 객단가 또한 높다. 자장면 한 그릇이 평균 8000~1만원 수준이라면 이곳은 1만 5000원을 받을 수 있다. 현재 진행 중인 재개발을 통해 지역 자체가 다시 한번 업그레이드되면 이런 고급 퀄리티 상권은 자체 동력만으로도 유지하거나 더 성장할 수 있다.

그중에서도 교대역과 서초역은 서초구의 핵심 지역으로 인근의 오피스 상권을 양분하고 있다. 두 지역 모두 대법원, 지방법원, 고

거리두기 해제 이후 서울 매출 증가 상권 Top 10

2022년 4~5월 기준(전년 동기 대비)

순위	위치	증가액	점포 수 증감
1위	가로수길	572억2000만원	67개
2위	홍대입구역	552억2000만원	179개
3위	압구정로데오	297억원	41개
4위	논현역	275억2000만원	29개
5위	종로3가역	261억6000만원	98개
6위	**교대역**	**243억3000만원**	**33개**
7위	역삼역	241억6000만원	15개
8위	여의도역	229억7000만원	34개
9위	잠실새내역	218억5000만원	38개
10위	신림역	177억3000만원	99개

출처 나이스지니데이타

등법원, 검찰청 등 법조타운을 배후지로 두고 있으며 관공서 업무와 연관된 오피스 상권이 두 지역을 중심으로 넓게 펼쳐져 있다. 지역 특성상 웬만한 경기변동에는 흔들리지 않는다. 법조타운과 연결된 오피스 상권, 여기에 부가적으로 따라붙은 일반 근생 상권이 어우러지면서 견고하게 상권을 구축하고 있는 것이다.

하지만 관공서 거리 특성상 변화에 둔감하며 트렌드를 좇아가지 못해 올드하다는 이미지가 있었다. 그런데 최근 들어 근생 상권이 조금씩 변하고 있다. 워낙 안정적이고 탄탄한 상권이라 크게 변하지 않아도 먹고살 수는 있지만 교대역 사거리가 이런 분위기에서 탈피하려는 것 자체가 긍정적인 신호다.

상권이 고급화되면서 임차인들이 파는 물건 혹은 서비스의 객단가가 높아지면 건물주는 자연스럽게 임대료를 인상할 수 있다. 이렇게 되면 지역 상권의 크기도 동시에 커진다. 시장을 기준으로 우리나라 경제성장률이 3~5%가 된다고 가정할 때 교대역과 서초역 인근은 7~8% 정도 꾸준히 성장할 수 있는 지역이다.

서초대로의 다양한 개발계획

서초대로 일대의 대규모 개발계획이 기대를 모으는 가운데, 특히 서리풀공원 안 옛 정보사 부지 개발계획과 강남역 삼성타운 뒤쪽 롯데칠성음료 부지, 코오롱 스포렉스 부지 등 알짜배기 땅이 개발을 눈앞에 두고 있다.

서초역과 내방역 사이에 위치한 정보사 부지는 엠디엠(MDM)

그룹에 매각되어 첨단 업무 시설과 문화·상업 시설이 들어선 복합 타운으로 조성될 계획이다. 교대역 주변은 서초로 지구단위계획이 주목받고 있다. 롯데칠성음료 부지와 코오롱 스포렉스 부지, 진흥 아파트 부지, 라이온미싱 부지, 삼성타운 부지 등이 특별계획구역으로 지정돼 본격 개발을 앞두고 있다. 계획안대로 최고 250m 높이의 건물이 들어서면 서초대로 일대는 강남 업무 단지 인근에서 가장 높은 마천루 지역으로 재탄생하게 된다.

한국의 애플 파크, 서초동 정보사 부지

서초역 인근의 정보사령부 부지가 최근 민간기업에 매각되면서 개발 기대감이 높아지고 있다. 정보사 부지는 서리풀공원으로 둘러싸여 있는 강남 숲세권 핵심 부지로, 서초동 최고의 노른자 땅으로 불렸다. 2019년 서리풀터널이 개통된 이후 서초대로가 막힘 없이 연결되면서 개발계획을 본격 수립할 수 있었다.

이 부지는 국내외 부동산 개발 회사인 엠디엠 그룹이 구성한 컨소시엄업체에 1조 956억원에 매각됐다. 업체는 이곳을 미국의 실리콘밸리에 있는 애플 파크를 본떠 바이오, 정보통신, 블록체인 등 첨단 업무 사업과 자연, 문화 공간이 어우러진 친환경 업무 복합단지로 조성한다는 계획이다.

하지만 건물 투자자 입장에서 이 개발은 상징적 의미로 봐야 한다. 서리풀공원에 대형 글로벌 비즈니스 센터가 들어온다고 해도 주변으로 유입 인구를 받아줄 상권이 마땅치 않기 때문이다. 서초역 5·6번 출구는 대법원과 곧바로 연결되고 있어 상권이 형성되기 어렵다. 대법원은 법원 가운데 드나드는 유동 인구가 가장 적은 곳이다. 차라리 서울지방법원이라면 유입 인구가 있어 상권 형성을 기대할 수 있지만 이쪽은 대법원이 상권을 막고 있는 형국이다. 반대쪽인 서초역 3·4번 출구 역시 한계가 있다. 주상복합건물, 사랑의교회, 주유소 등이 대로변과 코너를 차지하고 있어 근생 상권이 만들어지기 어렵다.

그렇다면 남은 것은 1·2번과 7·8번 출구뿐이다. 이쪽에는 오피스 상권이 형성되어 있으나 자체적으로 유지되는 상권이라 확장성은 떨어진다. 서초역 인근에 한국의 애플 파크가 조성된다고 해도

업무 복합단지로 조성될 서초동 정보사 부지 조감도

출처 서초구

서리풀 지구단위계획구역(서초동 정보사 부지 개발)

출처 서울시

새로 유입되는 인구를 받아줄 만한 포인트가 보이지 않아 한계가 있다.

서초역 주변 오피스 상권은 관공서가 많아 공실 걱정은 없지만 투자 시 기대수익은 높지 않다. 평균적인 시장 상승률을 유지하는 수준으로 만족해야 한다. 서초역에서 예술의전당 방면 대로변 투자도 마찬가지다. 서초역과 교대역을 놓고 봤을 때 투자자가 관심을 가져야 할 곳은 개발 이슈도 많고 투자할 물건도 많은 교대역 사거리다.

건물 투자처로 교대역과 서초역을 제외하면 남는 곳이 고속버스터미널역이다. 이곳은 상권으로 보면 서초구에서 규모가 가장 크지만 투자할 건물이 마땅치 않다는 것이 약점이다. 꼬마 건물은 고속버스터미널 맞은편 반포아파트 상가 방면으로 몇 동 있는데,

매물 수가 적을뿐더러 경쟁력도 낮다. 심지어 꼬마 건물이 매물로 나온다고 해도 투자 비용 대비 기대수익률이 낮아 투자를 재고해야 한다.

1블록 반포대로 방면

교대역 사거리 1블록은 한때 곱창 거리가 조성되어 근생 상권이 발달했던 곳이다. 길 건너에 서울교대가 있어 학세권이 형성되었고, 여기에 오피스 상권이 결합하면서 번성기를 보냈다. 그러나 현재는 상권이 전체적으로 트렌드에서 밀려난 분위기다. 새롭게 뜨는 리테일 상점이나 젊은 층이 선호하는 트렌디한 카페, 음식점 등은 눈에 잘 띄지 않는다. 외부에서 유입되던 인구도 많이 줄었다. 그러다 최근 객단가 높은 고급 일식 레스토랑이나 한식당이 하나둘 들어서고 있다. 오피스 상권과 근생 상권이 혼재된 지역으로, 근생 상권의 퀄리티가 업그레이드되면 정체된 분위기에 다시 활력을 불어넣을 수 있다.

2블록 법원로 방면

서울고등검찰청과 서울중앙지방검찰청, 서울중앙지방법원과 서울법원청사, 서울회생법원이 배후에 있는 2블록은 당연히 소송 등 법무 관련 일을 하는 변호사나 법무사, 행정사 사무실 등이 2블록을 중심으로 다양하게 포진해 있다. 이곳 임차인들은 웬만해선 흔들리지 않는다. 경기에 상관없이 1년 내내 사업이 꾸준하므로 공실

TIP

경부고속도로 지하화 수혜 지역 Top 3

경부고속도로 이슈와 삼풍아파트의 미래 가치

경부고속도로 지하화로 가장 큰 수혜를 받을 지역은 크게 세 군데 정도로, 뱅뱅 사거리부터 남부터미널 사이 구간과 논현역과 반포역 사이 구간, 마지막으로 강남역과 교대역 사이 구간이다. 이 중 강남역과 교대역 사이 구간은 특히 주목할 지역이다.

논현역과 반포역 사이 구간에서는 반포역보다는 논현역 인근이 주로 수혜를 입는다. 반포자이의 환경이 좋아질 수는 있지만 그보다는 반포동의 재개발에 기대감이 모아진다. 교대역과 강남역 사이는 이와 반대로 교대역의 개발 기대감이 높다. 현재 경부고속도로를 중심으로 왼쪽의 서초동 아파트 단지는 오른쪽 강남대로 쪽 아파트 단지에 비해 가격대가 높다. 지하철 3호선이 지나는 서초동 지역은 조용하고 고급스러운 주거지라는 인식이 강해 사람들의 선호도가 높기 때문이다. 그래서 삼풍아파트의 미래 가치가 높다고 보는 것이다.

삼풍아파트는 규모와 면적으로 따져봤을 때 서초구에서도 대장 아파트로 꼽힌다. 주변 아파트 단지가 대부분 재건축되었지만 삼풍아파트만큼은 여전히 구축으로 남아 있다는 것도 매력적이다. 최근 재개발 사업이 본격화하면서 삼풍아파트의 미래 가치에 관심이 쏠리고 있다. 서초구 아파트 투자에 관심이 있다면 교대역 사거리에서는 삼풍아파트가 그 답이다.

걱정을 할 필요가 없어 건물주 입장에서는 안정적으로 임대료를 받을 수 있다.

3블록 삼풍아파트 방면

3블록은 2블록과 마찬가지로 법조 오피스 타운의 성격은 비슷한데, 다른 블록과 달리 일반 근생 상권이 형성되어 있다. 네 블록 가운데 유일하게 주거지역이 형성된 곳으로, 안쪽으로 들어가면 삼풍아파트를 비롯해 대규모 아파트 단지가 있어 상권이 형성될 수 있었다.

4블록 강남역 방면

교대역 사거리에서 가장 눈여겨봐야 할 곳은 4블록이다. 지금은 현장에 가도 이렇다 할 특징도, 발전 가능성을 찾아보기도 힘들다. 뒤쪽으로 빌라를 비롯해 어중간한 건물이 많고, 경부고속도로 위로 고가도로가 있어 인근 분위기가 어두침침하다. 걸어다니는 사람도 많지 않고 마땅한 상권도 형성되어 있지 않아 현재 교대역 사거리 중 투자 측면에서 가장 처진다. 한 가지 재미있는 것은 이곳이 상업지라는 점이다. 교대역 인근에서 상업지가 가장 넓게 분포하고 있다.

지금은 경부고속도로가 두 지역을 단절시키고 있지만, 교대역과 강남역은 걸어서 5분이면 닿을 수 있을 만큼 가깝다. 교대역은 강남역에서 가장 가까운 역세권이지만 심리적 거리감 때문에 멀게

느껴졌는데, 경부고속도로가 지하화되면 이런 단절감이 해소될 것이다. 강남역과 교대역이 도보권으로 묶이면 사람들의 동선이 고속도로 상부의 공원 쪽으로 이동하면서 강남대로 쪽 오피스 상권과 근생 상권이 교대역 인근으로 확장될 가능성이 높다.

또 하나 주목해야 할 곳은 강남역 삼성타운 뒤쪽의 롯데칠성음료 부지다. 서운중학교를 제외한 롯데칠성음료 인근 부지가 재개

서초로 지구단위계획구역 개요 및 위치도

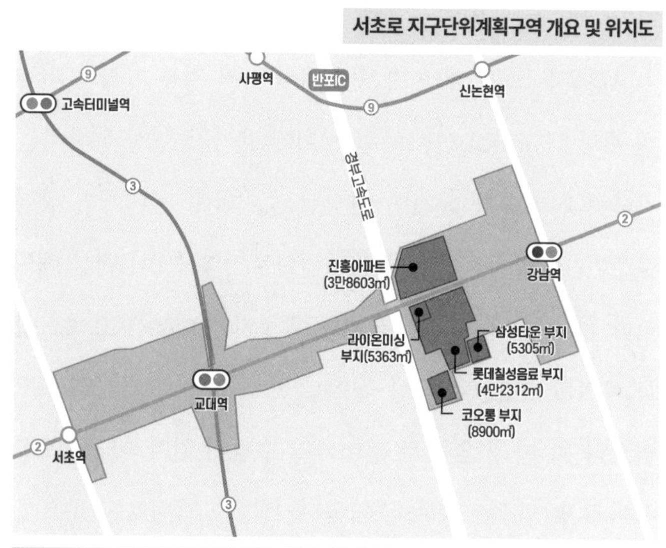

구분	내용
구역명	서초로 지구단위계획구역
위치	서초역~강남역
면적	기존 54만697m^2 → 59만6277m^2
용도 지역	제1종일반주거지역, 제2종일반주거지역(7층 이하), 제2종일반주거지역, 제3종일반주거지역, 준주거지역, 일반상업지역
용도 지구	고도 지구, 아파트 지구

출처 서초구

발되어 주상복합건물이나 오피스 타운이 들어서면 스카이라인을 비롯해 지역 자체의 성격이 달라진다. 문제는 롯데칠성음료 부지가 개발된다고 해도 강남역 방향으로는 더 이상 상권이 들어갈 자리가 없다는 것이다. 하지만 교대역은 배후로 대단지 아파트가 병풍처럼 둘러서 있고, 아직 개발되지 않은 건물이 많아 상권이 형성되고 뻗어나갈 수 있다. 경부고속도로와 롯데칠성음료 부지 개발 이후 교대역 4블록은 지금과 전혀 다른 모습으로 바뀔 수 있다. 특히 이곳이 상업지라는 것에 주목해야 한다.

4블록은 높은 미래 가치에 비해 아직 건물 가격은 저렴하다. 현재 평당 1억 5000만~2억원 사이에 호가가 형성되어 있는데, 향후 강남역과 비슷한 상권이 형성될 것이라고 기대하면 상당히 낮은 수준이다. 강남역 사거리와 테헤란로 일대는 더 이상 개발할 땅이 없다. 새로 개발 중이거나 개발 예정지는 대부분 오피스텔이다. 건물 투자할 곳도, 더 이상 들어갈 곳도 없는데 기업의 수요는 늘고 있으니 위, 아래, 옆으로 뻗어나갈 수밖에 없다. 아래쪽으로는 뱅뱅사거리가, 옆쪽으로는 교대역 사거리가 넘쳐나는 수요를 받아줄 대안이다.

교대역 사거리는 거리상 강남역과 가장 가까운 역세권이다. 지금은 교대역에서 가장 애매한 곳처럼 보이지만 향후 미래 가치로 보면 가장 많이 오를 지역이다. 강남역과의 접근성이 개선되면서 새로운 기회의 땅이 될 수 있으니 투자를 생각한다면 지금이 적기다.

핵심 블록 탐구 02

재개발 활발한 방배동의 투자 가치는?

최고의 주거지역으로 변모할 방배동 정비사업구역

서리풀터널 개통과 함께 재개발 사업이 마무리되면 방배동은 안정적 주거지로 각광받을 가능성이 높다. 하지만 건물 투자, 특히 꼬마 건물 투자자라면 조심해야 한다. 재개발 바람이 불면서 단기간에 가격이 너무 많이 올라 대단지 아파트가 들어서더라도 건물 투자 수익은 시장 수익률을 따라가는 수준에 그칠 수 있다.

재건축 예정인 방배동 삼호아파트

서리풀터널 개통으로 방배동과 서초동이 연결되면서 현재 가장 많은 혜택을 얻고 있는 곳이 방배동이다. 내방역, 이수역, 사당역, 방배역으로 둘러싸인 사각형 지역은 대부분이 재개발 지역에 속해 있어 현재 개발이 왕성하게 진행 중이다.

재개발 사업이 마무리되면 방배동은 안정적 주거지로 각광받을 가능성이 높다. 하지만 건물 투자, 특히 꼬마 건물 투자자라면 조심해야 한다. 재개발 바람이 불면서 짧은 기간 안에 가격이 너무 많이 올랐다. 대단지 아파트가 들어서더라도 일반적인 항아리 상권은 기대할 수 있겠지만 건물 투자 수익은 높지 않아 시장 수익률을 따라가는 수준에 그칠 수 있다.

재개발 붐이 잦아든 이후가 더 문제다. 기대감이 사라지면 건물 투자 매력도도 하락하기 때문이다. 과거 방배동은 고급 주거지로 사업가나 연예인 등 부자가 많이 살았으며, 서래마을 인근과 카페 거리 등 관련 상권이 활성화되면서 높은 인기를 구가했다. 하지만 반포동이나 서초동, 청담동 등으로 부자들이 많이 빠져나가면서 부자 동네라는 인식이 약해졌고, 지금은 외국 공관 등 특수 목적을 지닌 사람들만이 과거의 명맥을 간신히 유지하고 있는 형국이다.

큰 그림으로 볼 때 방배동이 재개발 지역으로 각광받고 있다고는 하지만 건물 투자처로는 그리 매력적이지 않다. 진정한 건물 투자자라면 서초구 끝자락의 사당역과 이수역 사이로 눈을 돌려야 한다. 이곳이야말로 서초구에서 가장 큰 상권이 형성될, 미래 가치가 가장 높은 한강 이남의 요지다.

핵심 블록 탐구 03

서초구 끝자락에서 한강 이남의 요지로!

일대 최대 상권으로 부상할 사당역~이수역

진정한 건물 투자자라면 한강 이남에서 눈을 돌려야 할 곳은 사당역과 이수역 사이 블록이다. 이곳이야말로 서초구에서 가장 큰 상권이 형성될, 미래 가치가 가장 높은 요지라 할 수 있다. 특히 사당역의 경우 인구 밀집도가 높고 호재가 많아 건물 투자를 하기에 적합한 지역이다.

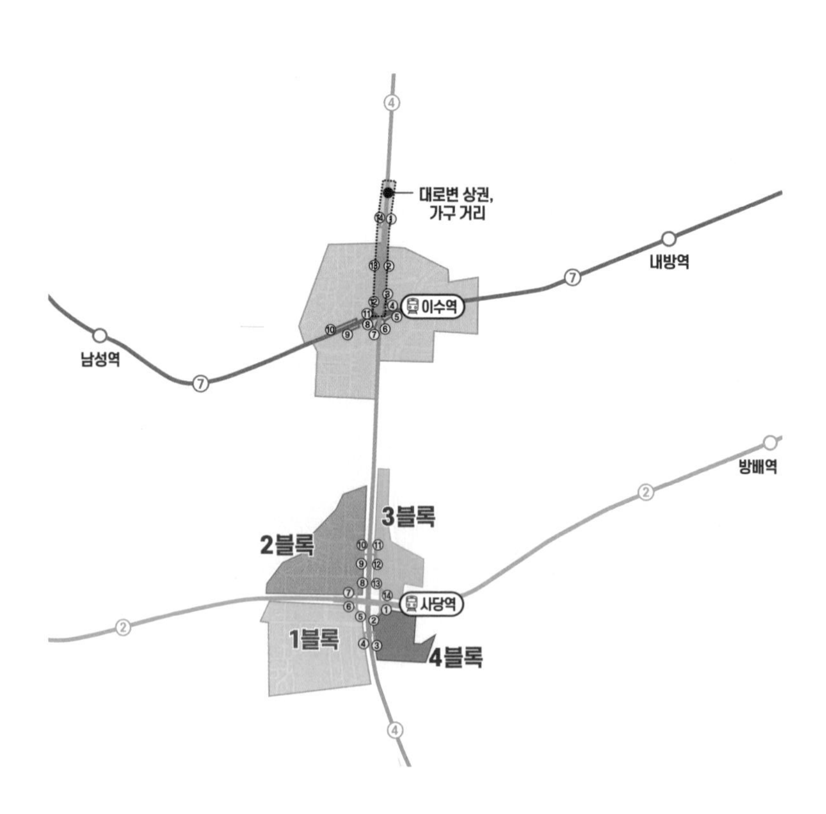

전통 상권과 신흥 상권의 결합

서초구와 동작구의 경계에 위치한 사당역과 이수역 블록은 한강 이남 지역에서 가장 많은 기대를 모으는 곳이다. 인근 위성도시의 소비 인구가 이수역으로 몰려들고 있으며, 특히 남태령과 과천, 숭실대 등 인접한 곳에서 지하철 등 대중교통을 이용해 들어오는 인구가 많다. 동작구에 사는 사람 중에 강남권인 서초구로 옮겨오려는 사람도 많다. 이렇게 다양한 인구가 유입되니 상권이 활성화될 수밖에 없다.

원래 이수역 인근은 인구 밀집도가 높기로 유명했다. 맛집이 곳곳에 숨어 있고 쇼핑가도 잘 조성되어 있다. 거주민도 많은 데다 외부 유입 인구까지 더해지니 사당역과 이수역 블록은 항상 사람들로 붐빈다. 과거 태평백화점 자리에는 현재 23층 규모의 주상복합 건물이 들어서고 있는데, 새 건물이 들어오면 이 일대 대로변의 지형도도 크게 바뀔 것으로 기대된다.

지하철 4호선과 7호선의 더블 역세권인 이수역(총신대입구역)은 원래 가구 거리로 유명한데, 현재 변화의 바람을 맞고 있다. 인근에 재건축 중인 반포1·2·4주구에 총 5335세대가 입주 예정이고, 또 입주를 앞두고 있는 반포 래미안원베일리를 비롯해 잠원동 신반포4차아파트, 삼익아파트 등 인근에 포진한 대형 구축 단지가 줄줄이 재건축을 앞두고 있다. 이수역에서 반포는 지하철로 두 정거장 거리다. 반포에서 넘어오기 편리하기 때문에 지금의 가구 거리가 업그레이드될 수도 있고, 새로운 상권이 생겨날 수도 있다.

강남권 논현동 가구 거리의 주요 소비층은 압구정동과 청담동 일대 자산가들이었다. 하지만 압구정 상권이 쇠퇴하면서 논현동 가구 거리의 인기도 시들해져 상대적으로 이수역이 혜택을 받을 수 있다. 반포와의 뛰어난 접근성을 바탕으로 이들이 소비할 수 있는 고급 가구 트렌드가 이곳으로 옮겨오기 쉬운 상황이 조성된 것이다. 이미 압구정동과 청담동 자산가들 중 반포의 새 아파트로 옮겨온 사람도 많다.

사당역과 이수역 블록은 주변 인구를 빨아들일 수 있는 입지적 장점과 새로운 소비층의 등장으로 상권 확장에 대한 기대감이 충만하다. 이 블록은 한강 이남 지역 가운데 강남권을 제외하고 건물 투자를 하기에 최적의 조건을 갖췄다.

인구 유입량이 남다르다!

사당역 1블록은 주로 서민들이 모여 사는 빌라 주거지역이다. 경사지이지만 지하철 2호선과 4호선이 겹치는 더블 역세권으로, 교통이 편리한 덕분에 많은 사람이 모여들었다. 2블록 역시 인구 밀집도가 높은 빌라 지역이다.

아파트와 비교해 빌라 지역의 인구 밀집도는 높을 수밖에 없다. 60~70평 정도 되는 땅에 아파트는 30~40평형 2세대가 들어가지만 빌라는 같은 면적에 8~10세대가 들어간다. 가구당 평균 4명이 산다고 가정할 때, 아파트는 8명이고 빌라는 최대 40명이 살 수 있다. 서울 곳곳에 자리한 빌라 밀접 지역의 상권이 좋은 건 인구밀도가 높기 때문이다.

사당역 주변의 막대한 주거 인구를 바탕으로 시선을 멀리까지 확장하면 남쪽으로 과천과 남태령에서 넘어오는 인구, 지하철 4호선을 타고 군포에서 오는 소비 인구까지 합쳐진다. 동쪽 방면으로는 2호선이 연결되므로 강남에서 오는 인구도 추가될 수 있다. 사당역과 이수역이 만남의 장소로 각광받는 것은 한강 이남 지역에서 대중교통을 이용해 강남권과 강북권이 편리하게 만날 수 있는 입지이기 때문이다. 이렇게 사방에서 인구가 유입되는 구조여서 대로변뿐 아니라 이면 골목까지 근생 상권이 잘 발달할 수 있었다.

이처럼 근생 상권은 좋지만 1·2블록의 주거 투자 가치는 높지 않다. 이웃한 3·4블록은 서초동에 속해 있어 높은 땅값을 바탕으로 아파트 재개발 투자 수익을 기대할 수 있지만, 동작구에 속해 있는 1·2블록은 현재 시세가 낮아 재개발 엄두를 내지 못한다. 방배동 재개발이 완료되어 집값이 많이 오른 후에는 상황이 달라질 수도 있으니 아파트 투자자라면 지켜볼 만하다.

방배동 카페 골목과의 연관성

지하철 4호선과 7호선이 만나는 이수역은 과거 방배동 카페 골목과 연결되는 입지적 장점 덕에 근생 상권이 활발했다. 하지만 카페 골목이 사라지기 시작한 10여 년 전부터 이수역 상권도 많이 약화했다가 최근 다시 살아나는 분위기다. 방배동 삼호아파트 인근으로 옮겨갔던 맛집, 카페 등 근생 상권이 재개발 공사로 갈 곳이 없

방배동 카페 골목

어지면서 카페 거리로 되돌아오고 있기 때문이다.

이수역에서 내방역으로 넘어가는 길은 깔딱고개라고 부르는 경사지다. 언덕에 있는 건물은 되도록 투자를 피하는 것이 좋으므로 건물 투자 가치로 보면 내방역 쪽보다 이수역 인근이 더 높다. 특히 카페 골목에서 이수역으로 연결되는 이면 도로가 사당역까지 연결되어 있다. 방배동 재건축이 완료되면 아파트 가격이 높아지고 소비 수준도 향상될 것이므로 상권의 업그레이드가 기대된다. 앞으로는 사당역과 이수역 사이 대로변과 이면 도로의 건물 투자에 주목해야 한다.

종합해 보면, 서초동 끝인 이수역과 사당역 라인의 미래 가치는 매우 높다. 특히 사당역의 경우 인구 밀집도가 높고 호재가 많아 건물 투자를 하기에 좋은 지역이다.

핵심 블록 탐구 04

복잡하지만 매력적인

노량진역~신대방삼거리역~보라매역

영등포와 노량진은 공무원 시험을 준비하는 이른바 공시생 위주로 재편되고 있어 주말이나 휴일 상관없이 돌아가는 365일 24시간 상권이다. 하지만 노량진은 복잡한 물건이 많아 초보 건물 투자자는 접근하기 어려운 것이 사실이다. 그럼에도 포기할 수 없다면 전문가의 도움을 받아 투자를 시도해 볼 만한 매력을 지닌 지역이다.

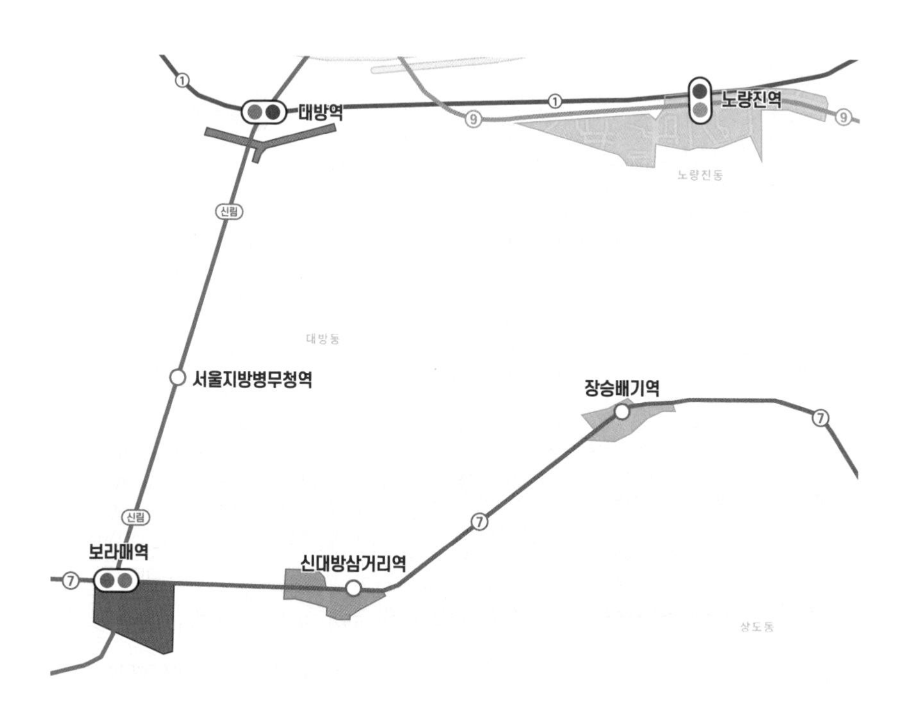

지구단위계획에 묶인 곳 많은 노량진

서울에는 유명한 학원가 상권이 5~6개 정도 있다. 대치동, 신설동과 제기동, 종로, 영등포, 노량진, 강남역 등으로 각 지역별로 특징이 다르다. 대치동은 대학입시에 특화된 지역이고, 신설동과 제기동은 직업 훈련과 편입 학원이 몰려 있다. 종로와 강남은 어학원을 비롯해 일반인을 상대로 하는 학원이 많고, 영등포와 노량진은 공무원 시험을 준비하는 공시생 위주로 재편되고 있다. 공부하는 사람들은 주말이나 휴일 상관없이 움직이기 때문에 학원가는 유흥가와 더불어 365일 24시간 상권을 만든다. 하지만 일반인이 주로 찾는 학원가는 밤과 주말 상권이 만들어지기는 해도 이들이 주 소비층은 아니다. 실제 365일 상권에 도움을 주는 학원가는 재수를 포함한 대학입시에 특화된 학원가와 공시생 학원가다. 학사, 고시원 등이 많이 포진해 있어 주거와 배움이 동시에 이루어지는 곳이라면 상권은 더 좋아진다.

알짜 지역일수록 위험도가 높은 곳이 있다. 노량진은 건물 투자처로 매우 좋은 곳이기는 하지만 복잡한 물건이 많아 초보 건물 투자자는 접근하기 어렵다. 이곳은 지구단위계획이 복잡하게 얽혀 있는 곳으로 단독 개발이 어렵고 여러 채를 묶어 공동 개발해야 하는 땅이 많다. 대지 모양이 정방향이 아닌 삼각형, 사각형 등 개발하기에 어려운 형태도 많은데, 안타깝게도 일부 건물주는 건물을 사려는 투자자에게 이런 내용을 자세히 알려주지 않는다. 건축과 관련한 공법적 내용을 제대로 알아보지 않고 성급하게 투자했다가 문제가 생길 수 있다는 것을 반드시 기억해야 한다.

그럼에도 불구하고 노량진의 대로변이나 역세권 이면의 중대로 등은 투자하기에 아주 좋은 입지다. 365일 24시간 학원가 상권이 탄탄해 매력적인 건물 투자처인 만큼 전문가의 도움을 받을 수 있다면 노량진역 인근의 근생 물건에 관심을 가지고 투자를 시도해 볼 만하다.

본격 궤도에 오른 노량진 뉴타운

노량진 뉴타운이 본격 개발을 눈앞에 두고 있다. 노량진 뉴타운은 동작구 노량진동과 대방동 일대 73만 8000m² 면적을 대상으로 총 8개 구역으로 나눠 재개발을 진행해 왔다. 그러나 그동안은 수많은 이해관계가 얽혀 사업이 지지부진하다가 최근 개발에 속도가 붙으면서 기대감이 집중되고 있다.

진행 과정은 각 구역별로 다르지만 대부분 관리처분 인가를 받거나 사업시행 인가가 완료되었고, 빠른 곳은 시공사 선정을 마치기도 했다. 재개발 구역 중에 가장 규모가 큰 1구역은 2017년 조합 설립 인가를 받은 지 6년 만인 2023년에 사업시행 인가를 받았다. 1구역 재개발이 본궤도에 오르며 주변 지역 개발도 탄력을 받고 있는 상황이다. 재개발 사업이 완료되면 9000여 가구의 고급 주거지가 탄생한다.

노량진1 재정비 촉진구역 조감도

출처 서울시

인구 밀집 지역을 배경으로 한 항아리 상권

지하철 7호선이 지나는 동작구 라인에서 건물 투자 시 조심해야 할 지역이 신대방삼거리역 인근이다. 주변으로 빌라와 오피스텔, 원룸 등이 많아 유동 인구는 풍부하나 땅값이 단기간에 너무 많이 올라 시세 분출이 어렵기 때문이다. 또 사무실 등 오피스 상권이 거의 없고 근생 위주의 항아리 상권이 만들어지고 있어 확장에는 한계가 있다.

꼬마 건물 투자를 할 때 전통시장 상권에 인접한 물건에 관심을 갖는 투자자가 많은데, 전통시장 상권은 투자에 도움을 주기도 하지만 일반 근생 상권과 경쟁 구도에 놓이는 경우가 많다. 신대방삼거리역 상권에서는 전통시장이 막강한 경쟁자다. 마트와 음식점 등 일부 근생 상권이 전통시장과 소비자를 양분하고 있으며, 서로 뺏고 빼앗기는 구조다. 인구 밀집도가 높아 소비 인구는 많지만 상대적으로 땅값이 높고 경쟁자는 너무 많아 접근하기 쉽지 않다. 전통시장과 촘촘히 얽혀 있고 오피스 상권이 거의 없는 항아리 상권이라는 것도 기대수익률을 낮춘다. 건물 투자를 하려면 신대방삼거리역보다는 보라매역으로 가는 것이 낫다.

보라매역 사거리는 최근 신림선 개통이라는 대형 호재를 만났다. 인근에 서울지방병무청과 동작세무서, 서울해군호텔과 공군호텔 등 공공시설이 자리하고 있으며, 학교와 학원가도 있어 상권이 형성되기 좋은 조건을 갖췄다. 최근 근생 시설이 늘어나고 있고, 리테일 숍도 많이 들어오고 있다.

장승배기역과 상도역 인근도 땅값이 많이 올랐다. 주위로 대단지 아파트가 들어서면서 안정적인 항아리 상권이 만들어진 것이 긍정적 영향을 미쳤다. 하지만 건물 투자로 추천할 만한 곳은 아니다. 이곳도 단기간에 많이 올라 수익성은 높지 않다. 결론적으로, 동작구에서는 재개발 이슈가 많은 노량진역과 오피스 상권 형성이 기대되는 보라매역 인근이 투자처로 좋은 입지다.

TIP

건물 투자 상권의 경쟁자, 전통시장 상권

사람들은 경기가 좋지 않거나 소비 여력이 충분하지 않으면 전통시장으로 발길을 돌린다. 대형 마트나 패스트푸드점에 가는 대신 시장통 먹거리를 찾는다는 얘기다. 따라서 전통시장 근처에 있는 일반 근생 상권은 언제든 시장에 손님을 빼앗길 수 있으므로 항상 긴장해야 한다. 전통시장과 손님을 나눠야 하는 경우, 건물주는 전통시장이 내세울 수 없는 경쟁력 있는 업체를 입점시켜야 한다. 하지만 이는 쉽지 않은 일이라 투자하려는 물건이 전통시장과 경쟁 구도라면 처음부터 들어가지 않는 편이 낫다. 경기 불황일 때는 더더욱 그렇다.

핵심 블록 탐구 05

막강한 인구 유입으로 계속 진화 중
재개발 이슈로 날개 단 신림역~서원역

강남역처럼 개발이 완료된 후에도 지속적으로 지가가 오르는 지역이 있는가 하면, 신림역처럼 단기간에 지가가 급등했어도 여전히 개발 물건이 많은 지역이 있다. 신림역과 당곡역 라인으로 계속 상권이 만들어지고 있으며, 여세는 서원역까지 확장되어 신림선 서원역과 서울대벤처타운역은 향후 3~5년 사이에 완전히 뒤바뀔 곳으로 꼽히고 있다.

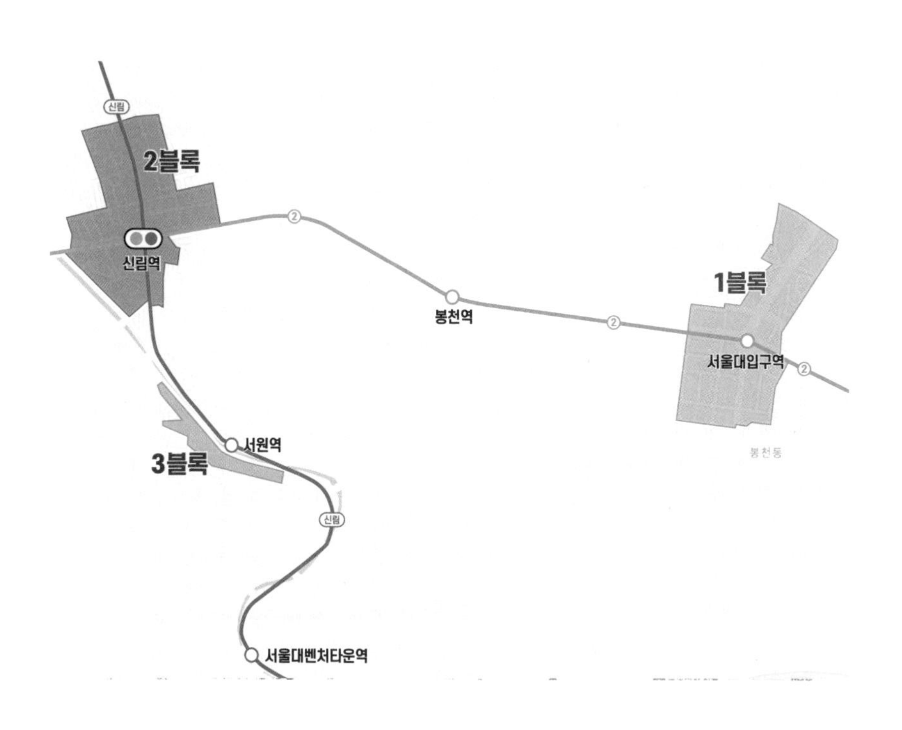

빠져나가는 상권 옆에 뜨는 상권

지하철 등 교통 인프라가 확충되면 주거 환경이 좋아지면서 동네 분위기가 변한다. 신림동은 재정비촉진지구로 지정되어 곳곳이 개발 예정지인데, 완성되면 이전과는 다른 신림동으로 재탄생할 것이다. 인근 지하철 신대방삼거리역과 비교해서 보면 잘 알 수 있다. 신대방삼거리역은 7호선이 들어오면서 강남을 잇는 교통의 요지가 되었다. 보라매공원도 가까워 주거 환경 여건이 좋아지면서 인근에 재개발된 유명 브랜드 아파트는 16억~17억원을 호가한다.

신림선은 여의도와 빠르게 연결된다. 아파트 재개발로 주거 환경이 업그레이드될 수 있으므로 집값이 상승하는 모멘텀으로 작용할 수 있다. 반복해 말했듯이 집값이 높아지면 사는 사람들이 달라지고, 사는 사람들이 달라지면 소비 수준이 높아지면서 상권도 좋아진다.

관악구에서 가장 좋은 상권으로 지하철 2호선 서울대입구역과 신림역이 꼽혀왔다. 우선순위를 따지면 신림역이 투자 가치가 더 높으며, 미래 확장 가능성 면에서도 우위에 있다.

전통 상권이라고 할 수 있는 서울대역입구역을 살펴보자. 이곳은 인구 밀집도가 높은 상권이기도 하지만 '서울대'라는 네임 밸류로 서울대생들이 만들어놓은 눈에 보이지 않는 힘도 갖고 있다. 그만큼 지역이 가지고 있는 프라이드가 강하다.

과거 서울대에서 지하철을 이용하려면 차를 타고 이동해야 했다. 재학생들은 마을버스나 셔틀버스를 이용해 지하철 2호선 낙성대역이나 서울대입구역까지 나와야 했으며, 학교와의 교통 연결성 때문에 서울대입구역 인근에 하숙집이나 고시원 등을 많이 구했다. 유동 인구가 많은 데다 서울대생이 만든 보이지 않는 가치가 더해져 상권이 발달했다.

하지만 학교 바로 앞에 신림선 관악산역이 개통되면서 상황이 달라졌다. 서울대입구역을 이용하는 사람이 줄면서 상권도 쇠퇴한 것이다. 서울대입구역은 당분간 빠져나가는 상권이라고 볼 수 있다. 향후 새로운 이슈가 등장해 상권의 특징이 바뀌면 모를까 지금은 투자할 시기가 아니다. 건물 투자를 할 때 상권이 빠져나가는 곳에는 들어가지 않는 것이 현명하다. 4~5년 정도 시간이 흘러 상권의 특성이 변하면 그때는 투자를 고려해 볼 만하다. 서울대입구역과 낙성대역은 상권이 아주 쇠락할 곳은 아니므로 향후 소비자들의 요구에 맞춘 새로운 상권이 형성되면 그때 투자하는 것이 좋다.

막강한 인구 유입으로 꾸준한 지가 상승 기대

신림역은 막강한 인구 유입을 배경으로 오랫동안 크고 번성한 상권을 유지해 왔다. 강동구 천호동과 비슷한데, 주변 지역 인구를 흡수하는 입지적 장점을 지녔다. 신림역은 대림, 구로, 가산에서 인구가 유입되는 서울 서남부권의 핵심 거점 지역이다. 여기에 지하철 신림선이 개통되어 또 한번 위상을 드높이는 중이다. 개발의 중심지가 되면서 땅값이 단기간에 급등한 것이 다소 약점이지만 평균 시장 수익률을 상회할 수 있다.

신림역은 아직도 개발할 곳 천지다. 1970~1980년대에 지어진 건물이 곳곳에 남아 있어 신축이나 레노베이션으로 건물 가치를 높일 수 있다. 현재 개발 중인 대부분 물건이 신림역 반경 100m 안에 있는데, 300~500m로 지역을 넓히면 개발 가능한 물건이 훨씬 늘어난다. 신림역과 당곡역 라인 대로변은 상권이 계속 만들어지면서 주변으로 확장 중이다. 신림역 대로변을 따라 5~10분만 걸어가면 개발 바람이 불지 않은, 과거의 모습을 유지하고 있는 건물이 곳곳에 눈에 띈다. 모두 투자 대상 물건이다.

강남역처럼 개발이 완료된 후에도 지속적으로 지가가 오르는 지역이 있는가 하면, 신림역처럼 단기간에 지가가 급등했어도 여전히 개발 물건이 많은 지역이 있다. 건물 투자하기에 두 군데 모두 꽤 훌륭한 투자처라고 할 수 있다.

빌딩의 신 유튜브 영상이 궁금하다면? QR코드를 스캔하세요.

신림역을 능가할 미래 가치, 서원역

신림선 서원역과 서울대벤처타운역은 향후 3~5년 사이에 완전히 뒤바뀔 곳이다. 원래도 인구밀도가 높아 상권이 좋았는데 재개발 이슈가 더해지면서 날개를 단 셈이다.

인구밀도는 높지만 지하철이 없었고 서민 상권이라 상대적으로 저렴한 땅값에 여간해서는 오르지 않는 가격 등 약점만 가득했다면, 지금은 단기간에 100% 지가 상승을 기대할 수 있다. 소액으로 꼬마 건물에 투자하고 싶다면 이곳이 최적이다. 아파트 한 채 구입할 능력이라면 서원역과 서울대벤처타운역 인근의 꼬마 건물 건물주에 도전할 수 있다. 사람들에게는 '건물 투자는 강남'이라는 로망이 있는데, 웬만한 강남 지역의 평당 가격은 수억 원대 수준이다. 이곳은 입지에 따라 차이는 있지만 대로변 건물도 평당 3000만~4000만원이면 구입할 수 있다. 5000만~6000만원을 부르는 입지는 특수한 경우다.

서울대벤처타운역은 아파트 재개발의 핵심 지역이기도 하다. 신림1재정비촉진구역이 서울대벤처타운역과 붙어 있는데, 이곳이 전부 재개발된다. 현재 서울시장이 신림1구역에 흐르는 도림천 지류를 시민 생활의 중심으로 만드는 '지천 르네상스 계획'도 발표했다. 폐쇄적인 아파트 단지가 아닌, 외부로 열린 도로를 조성하면 지금까지와는 다른 새로운 재개발 아파트 단지를 기대할 수 있다. 상권의 업그레이드는 건물 가치에 반영되는 중요한 투자 조건이다.

핵심 블록 탐구 06

서로 영향을 주고받는 복합 상권

특이한 공생관계, 영등포역 주변

영등포역 주변은 강서, 김포, 인천, 광명 등 서울과 경기 서남부 지역에서 인구가 많이 유입되는 핵심 상권으로 지하철이나 국철을 타고 와 먹고 놀고 소비하는 곳이다. 다양한 연령대와 재래시장부터 백화점, 종합쇼핑몰까지 여러 상권이 뒤섞여 있어 건물 투자 매력도는 이미 차고 넘치는 가운데 인근 준공업지역에 지식산업센터가 생기면서 상권과 연결되고 다시 확장되고 있는 추세다.

영등포 타임스퀘어 맞은편은 전부 상업지

여의도와 더불어 영등포구에서 관심을 가져야 할 지역은 영등포역 주변이다. 영등포는 강서, 김포, 인천, 광명 등 서울과 경기 서남부 지역에서 인구가 많이 유입되는 핵심 상권으로 지하철이나 국철을 타고 와 먹고 놀고 소비하는 곳이다. 노인정 상권, 중산층 상권 등과 함께 롯데백화점과 신세계백화점을 비롯해 영등포시장, 청과시장, 식당과 술집 등 다양한 상권이 존재한다. 다소 지저분해 보이지만 복잡하고 다양한 대형 상권이 섞여 있어 건물 투자 매력도는 차고 넘친다.

영등포 타임스퀘어 맞은편도 좋은 투자처다. 이곳 역시 전부 상업지로 개발이 한창이다. 과거 집창촌이 있던 자리로 술집, 노래방, 모텔 등이 많았는데, 지금은 대부분 오피스텔로 바뀌면서 좋은 상권으로 변모하고 있다. 인근 준공업지역에 지식산업센터가 생기면서 상권과 연결되고 다시 확장되고 있는 추세다. 전체적으로 상권이 혼재되어 있고 서로 이웃하며 영향을 주고받는 이런 복합 상권은 서울에서도 찾아보기 쉽지 않다.

최근 재개발로 상권이 살짝 주춤하지만 투자금이 넉넉하다면 지금이 들어가기에 적기다. 다양한 근생 시설이 어우러져 있고, 향후 서울 서남부 지역의 중심 상권으로 거듭날 수 있으며, 개발 완료 시점에 지역이 업그레이드되는 등 높은 지가 상승률을 기대할 수 있다. 개발이 완료되기까지 다소 시간이 걸릴 수 있으므로 시간을 오래 버틸 수 있는 투자자에게 유리하다.

빌딩의 신 유튜브 영상이 궁금하다면? QR코드를 스캔하세요.

영등포구 준공업지역의 매력

영등포역 인근에는 준공업지역이 많다. 특히 영등포시장역, 영등포구청역, 문래역 사이 지역은 서울의 핵심 준공업지역이다. 준공업지역은 환경오염이 적은 공장 등 생산 시설을 지을 수 있는 땅으로, 일반공업지역과 달리 주거 시설과 상업 시설, 업무 시설이 들어올 수 있다. 서울의 대표적인 준공업지역인 성수동도 인기가 상당히 높은데, 성수동 다음으로 준공업지가 많은 곳이 영등포다.

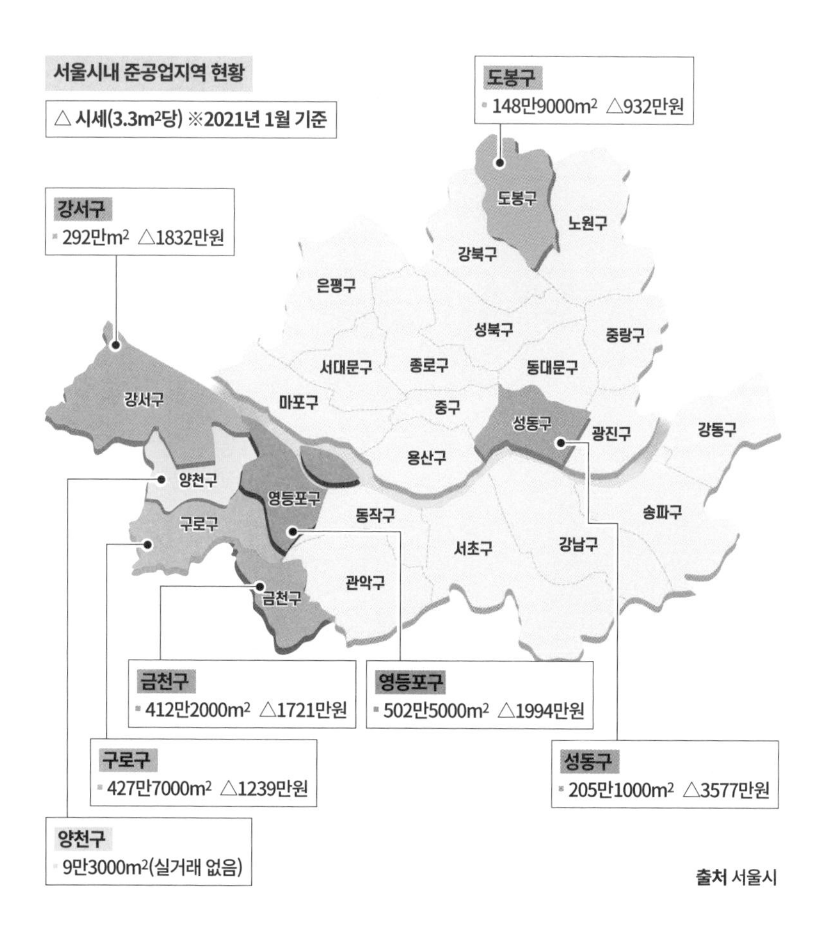

출처 서울시

준공업지역은 민간 도심 복합 사업이 가능하므로 오피스텔이나 복합건물이 들어올 수 있으며, 용적률 500%를 적용받는다. 영등포시장역과 영등포구청역 사이에 준공업지가 많은데, 건물 투자 대상지로 눈여겨봐야 한다. 개발자들이 특히 이런 곳을 좋아하므로 이곳은 임대 수익보다는 투자 수익을 노리는 것이 맞다.

지하철 5호선 양평역 방면은 안양천에서 상권이 끊긴다. 서울시에서 진행하는 서부간선도로 지하화 사업 계획이 있지만 시간이 오래 걸릴 수 있어 투자 리스크가 높다. 리스크 없는 건물 투자처는 영등포역 주변이다.

TIP

여의도 시범아파트 문화광장 조감도

출처 서울시

한강르네상스 2.0 사업 최대 수혜지, 여의도

조용하던 여의도에 재개발 바람이 불고 있다. 특히 오세훈 서울시장이 2023년 발표한 한강르네상스 2.0 프로젝트로 여의도를 비롯한 한강 변 일대가 새롭게 주목받고 있다. 오 시장은 2006년 서울시장 재임 시절에도 한강 주변 개발의 의지를 드러냈다. 그로부터 16년이 지난 지금, 한강르네상스 2.0으로 다시 한번 한강 변 개발 구상에 나선 것이다.

그 최대 수혜지 중 한 곳이 여의도다. 여의도는 개발을 목전에 둔 국제업무지구인 용산과 다리 하나를 사이에 두고 연결되어 있다. 또한 광화문~서울역~용산~여의도~영등포를 잇는 미래 서울의 핵심축을 구성하는 요지 중의 요지다. '2040 서울도시기본계획'을 살펴보면 여의도의 미래가 그려진다. 우선 여의도는 국제금융산업의 중심지로 떠오를 것이다. 이를 위해 용도지역 상향과 용적률 인센티브, 높이 규제 완화 등 서울시의 전폭적 지원을 받게 된다. 대규모 문화 시설도 둥지를 틀 예정이다. 애초 문래동에 들어서기로 했던 제2세종문화회관이 여의도공원에 들어서고, 여의도 시범아파트 전면에는 서울문화마당이 생긴다.

한편 여의도뿐 아니라 한강 변을 따라 조성된 아파트 주거지역은 재건축을 할 때 높이 제한을 없애 다양한 스카이라인이 형성되도록 유도한다. 여의도는 최근 구축 아파트 재개발 사업에 가속도가 붙고 있는데, 한강르네상스 2.0과 맞물리면서 재개발 매력도가 상승할 것으로 보인다.

Point of View.

진정한 투자자의
자세

부동산은 보유하는 기간 동안에는 가격 리스크가 거의 없다. 이는 거시경제 개념과 맞닿아 있다. 자본주의 경제 시스템 안에서는 선진국에서 후진국이 되지 않는 한, 나라가 망하지 않는 한 국가의 자산가치는 계속 커진다. 그래야 나라가 온전하게 존립할 수 있기 때문이다.

GDP가 상승한다는 것은 소득이 계속 높아진다는 의미인데, 소득이 많아지려면 경제 규모가 계속 커져야 한다. 은행이나 자산운용사들이 서로 물건을 사고팔며 가격을 높이는 것도 경제 파이가 커지는 것으로 해석할 수 있다. 과거 IMF 사태가 터졌을 때 금리가 급등하면서 부동산 가격이 폭락했다. 하지만 그래프로 보면 일시적 조정 장세였을 뿐 장기적으로는 우상향했다는 것을 알 수 있다.

부동산 투자자라면 같은 기간 대비 더 많이 오를 수 있는 곳을 찾아내야 한다. 오르긴 했으나 남들과 비슷하게 올랐거나 덜 올랐다면 결과적으로는 손해다. 똑같은 기간 누군가는 5억원의 시세차익을 거두고, 누구는 10억원의 시세차익을 거두었다고 가정해 보자. 5억원을 번 투자자도 벌었으니 만족할 수 있다. 하지만 10억원을 번 사람과 비교하면 자신의 부동산 가치는 줄어든 셈이다. 똑같이 투자해 누군가는 더 벌고 자신은 덜 벌었다면 자산이 줄었다고 생각할 수 있어야 진정한 투자자다.

1980년대 분당 아파트에 입주해 지금까지 사는 사람들은 부동산 버블과 IMF 사태, 금융위기 등 다양한 시기를 거쳤다. 당연히 아파트 가격이 요동쳤지만 현재 15억원대 호가를 형성하고 있다. 처음 산 가격에 비해 아파트 가격이 상승했으니 "집값이 많이 올랐다"라고 만족한다. 그런데 누군가는 분당 아파트를 팔아 미래 가치가 높은 곳에 투자했다. 예를 들어 도곡렉슬아파트 등 강남의 새 아파트 입주권을 산 사람들은 분당 아파트 가격의 두 배가 넘는 수익을 거두었다. 분당에 계속 산 사람과 도곡동으로 이사 온 사람의 자산가치는 엄청나게 벌어졌다.

부동산에 투자할 때는 덜 오를 물건에 베팅해서는 안 된다. 남들이 10 오를 때 5가 올랐다면 상대적으로 나는 5가 떨어진 것이라고 생각해야 한다. 같은 기간 대비 수익률이 높은 투자처를 찾아내는 것이 부동산 투자의 핵심이다. 이때 꼭 필요한 것이 바로 상상력이다. '지금은 별로인 것처럼 보이지만 앞으로 오를 수 있다'고 판단하는 것이 진정한 부동산 투자자의 안목이다.

핵심 블록 01

대를 이은 부의 창출 광화문역~종로3가역

핵심 블록 02

GTX-A 개통 눈앞에 둔 불광역~연신내역

핵심 블록 03

상호 연계 효과 기대되는 동묘앞역~신설동역

핵심 블록 04

누가 일등? 노원역~창동역~쌍문역

06 CHAPTER

이제부터 강북시대!

종로·은평·동대문·노원구

06

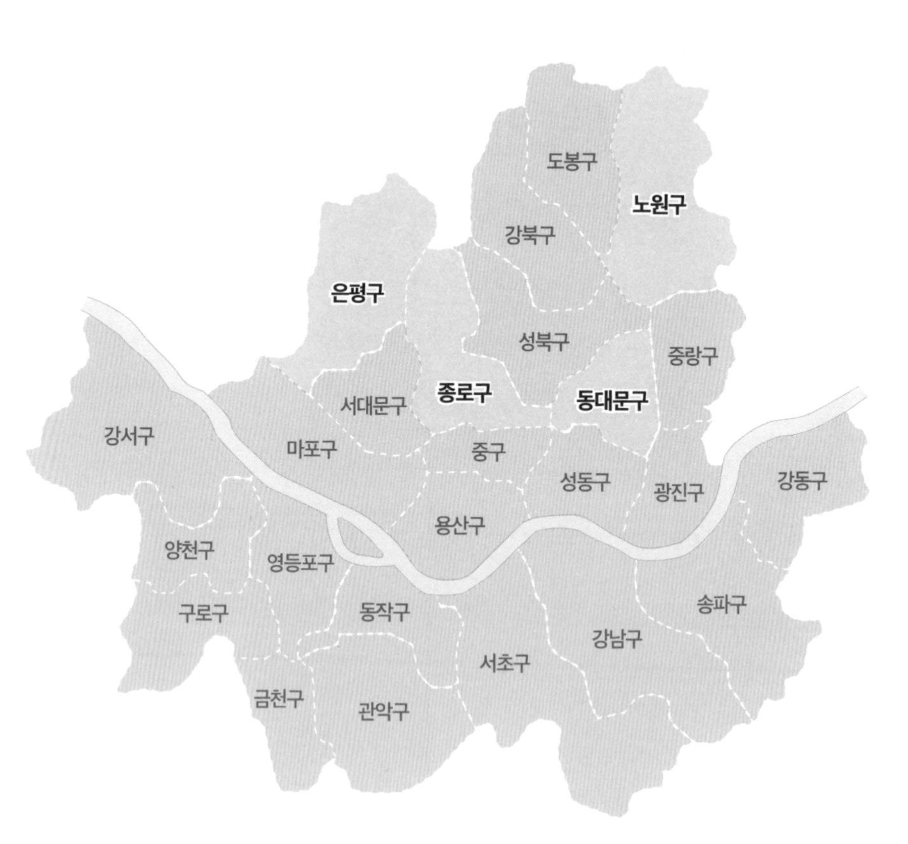
도봉구
노원구
강북구
은평구
성북구
중랑구
서대문구
종로구
동대문구
강서구
마포구
중구
성동구
광진구
강동구
용산구
양천구
영등포구
구로구
동작구
송파구
강남구
서초구
금천구
관악구

About Location

종로·은평·동대문·노원구

JONGRO·EUNPYEONG·DONGDAEMUN·NOWON-GU

최근 잇달아 강북 도심 재개발 계획이 발표되면서 간신히 올드타운의 명맥을 유지하던 종로와 광화문 일대가 새롭게 주목받고 있다. 또 주변 지역의 개발 호재를 흡수하며 거점 지역으로 떠오른 강북의 주요 투자처는 어디인지 살펴보자.

강남이 성장하는 동안 강북은 상대적으로 위축됐다. 부동산 개발 이슈와 자본이 한강 이남으로 빨려 들어가는 동안 강북은 올드타운의 명맥에 간신히 기대어 존립하고 있었다. 하지만 이제부터는 얘기가 다르다. 강북 원도심 재개발 가능성이 커지면서 새로운 미래 비전으로 등장하고 있는 것이다. 특히 용산과 붙어 있는 종로구와 중구는 미래의 30년을 다시 일으킬 수 있는 지역으로 함께 주목받고 있다.

강북 재개발 호재는 여러 가지다. 현재 서울시는 서울역 앞에서 한강대교를 지나 여의도에 이르는 길에 친환경 산책로를 조성한다는 계획이다. 종로와 을지로 일대는 용적률 상향을 논의하는 등 새로운 중심 상업지구로서 도약을 꿈꾸고 있다. 종로의 상징이면서 애물단지였던 낙원상가와 세운상가에 대한 전면 개발도 논의 중이다. 여기에 더해 대통령실 이전으로 그동안 개발에 걸림돌이 되었던 보안과 안전에 관련한 각종 규제가 완화되면서 새로운 수혜지가 탄생할 수 있다. 이렇듯 강북 도심에 끊임없이 등장하는 개발 호재에서 정치적 셈법도 드러난다. 강남 개발이 끝나가면서 차세대 주자가 필요해진 정치권이 용산과 종로 등 구도심을 낙점한 것이 아니냐는 추측이다.

강북 도심은 오랫동안 숨 죽어 있었지만 알고 보면 매력적인 입지다. 광화문, 종로, 종각을 아우르는 일대의 지역은 전부 상업지로, 단위면적만 놓고 보면 서울에서 가장 큰 규모의 상업지를 자랑한다. 또한 주차 상한제 지역으로 지정된 곳이 많아 건축주에게 유리하다. 건물을 신축할 때 주차장을 만들지 않아도 되니 건축비에 들어가는 원가가 낮아져 결과적으로 투자 수익률을 높일 수 있다.

강남에서는 찾기 힘든 '전통의 미'도 존재한다. 종로와 광화문 곳곳에 자리한 경복궁, 창덕궁, 종묘, 서울성곽 등 문화유산은 복잡한 도심에 품격과 여유로움을 선사한다. 아름다움이라는 무형의 가치는 서울 어느 지역에서도 찾아볼 수 없는 고귀한 자산이다. 재개발이 순조롭게 완료되면 강북은 전통미와 세련미를 갖춘 최고의 글로벌 도시로 다시 태어날 수 있다.

TIP

세운상가 녹색생태도심 조감도

출처 서울시

40층 빌딩 들어설 종로 '세운지구'

종로구 세운상가 일대가 초고층 복합 빌딩과 녹지가 어우러진 '녹지생태도심'으로 개발될 예정이다. 서울시가 발표한 '세운지구 통합계획 가이드라인'에 따르면 기존에 잘게 쪼갰던 개발 지역을 17개로 통합해 개발하는데, 대지면적의 35% 이상을 시민이 자유롭게 이용할 수 있는 개방형 녹지 공간으로 조성하고 건물 높이 제한도 완화한다. 세운지구 중심인 을지로 주변은 일반상업지역에서 중심상업지역으로 상향 조정할 계획이다. 이렇게 되면 세운상가를 비롯한 을지로 주변으로 최고 40층 규모의 고층 빌딩이 들어설 수 있다.

핵심 블록 탐구 01

알고 보면 투자처로 매력적인 강북 도심

대를 이은 부의 창출, 광화문역~종로3가역

우리 부모님 세대에서 가장 화려한 투자처였던 종로와 광화문 일대가 세대 승계를 시작하면서 변화하고 있다. 노후 건물에 새바람이 일고 있는 것인데, 여기에는 서울시에서 연달아 발표한 구도심 공간 재개발 계획 발표가 한몫한다. 광화문과 종로 대부분이 수혜를 입을 것으로 예상되므로 중소형 상가 투자에 관심을 가져볼 만하다.

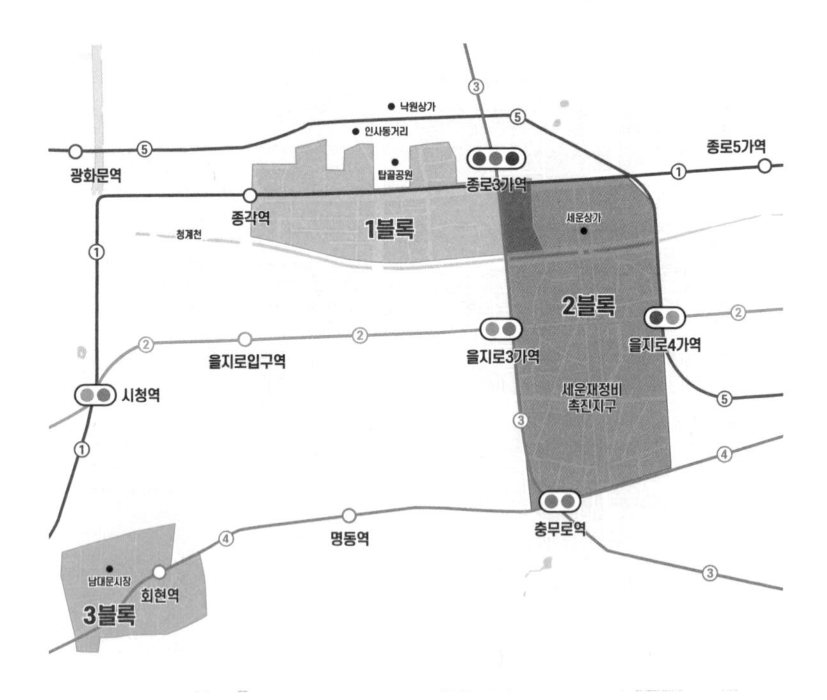

종로와 광화문 일대는 우리 부모님 세대의 가장 화려한 투자처였다. 현재 70~80대의 전통 부자들이 삶의 터전을 이룬 곳으로, 오랜 시간 보유하면서 시간의 힘으로 부가 몇 배씩 커지는 경험을 하기도 했다. 이렇게 만들어진 부와 자산이 세대 승계를 시작했다는 것도 특징이다. 부모로부터 소유권을 물려받은 586세대가 꿈쩍하지 않던 강북의 노후 건물에 새로운 바람을 불러일으키고 있다.

구도심이 꿈틀거릴 수 있었던 배경에는 정책의 변화도 존재한다. 개발과 성장에 초점을 맞춘 현 서울시는 광화문~서울역~용산~한강을 잇는 녹지축 조성 사업을 통해 한국형 샹젤리제 거리 조성 계획을 발표했다. 2026년 완공 예정으로, 자동차가 다니는 도로를 줄이는 대신 사람들이 편하게 산책할 수 있는 인도를 확보해 구도심 공간을 새롭게 창조하겠다는 구상이다. 여기에 더해 종로3가역

종로 세운상가

과 종각역 사이의 탑골공원 라인을 재개발하는 '서울녹지생태도심 재창조 전략'도 내놓았다. 건물 높이와 용적률 등 기존 규제를 과감하게 완화하고 인근에 공원과 녹지를 조성해 고층 건물과 나무 숲이 공존하는 쾌적한 강북 도심을 만든다는 것이다. 현 서울시장이 "용적률 1000%도 못 줄 이유가 없다"라고 말한 것으로 보아 향후 이 지역의 용적률 상향도 기대할 만하다.

광화문과 종로는 주택은 거의 없고 대부분 근생 건물로 채워져 있어 상권이 꾸준하다. 업무 시설을 바탕으로 한 중심상업지역이며 금융의 중심지이기도 하다. 정부서울청사는 물론이고 한국은행을 비롯해 국내 5대 시중은행 본점, 삼성생명이나 삼성화재 등 대기업 금융 계열사도 모두 이곳에 있다. 이 지역이 개발되면 전부 그 수혜를 입는 당사자이니 개발계획에 힘이 실릴 수 있다는 예측도 가능하다. 앞으로도 대형 호재가 계속 발표될 지역이므로 일반인은 접근하기 힘든 대형 건물 대신 중소형 상가 투자에 관심을 갖는 것이 좋다.

특히 종각역부터 종로3가역 블록을 집중적으로 살펴봐야 한다. 일반 투자자가 건물 투자하기에 가장 좋은 곳은 종각역 보신각공원 주변과 종로 귀금속 거리 맞은편이다. 이곳에는 100억~200억 원대로 투자할 수 있는 건물이 아직 남아 있다. 이곳에 투자할 때는 투자 기간을 짧게 잡을수록 유리하다.

종로 낙원상가

용적률 1500% 상향의 의미

낙원상가 인근과 탑골공원 블록의 전면 개발 가능성도 점쳐지고 있다. 지금까지 이 일대 개발의 가장 큰 난제 중 하나는 세운상가와 낙원상가였다. 강북 도심을 세로로 단절하고 있던 두 건물이 그동안의 지지부진하던 개발계획을 뒤집고 완전히 탈바꿈할 준비를 하고 있다. 청계천 주변은 이미 움직이기 시작해 오랫동안 낙후되었던 상가가 개발되거나 오피스텔이 들어서는 중이다. 여기에 세운상가와 낙원상가까지 전면 개발되면 종로는 제2의 전성기를 맞게 될 것이다.

현재 이곳은 용적률 800%를 적용받고 있는데, 용적률을 똑같이 적용한다면 재개발하기는 쉽지 않다. 수익을 낼 여지가 없기 때문이다. 하지만 뉴욕 맨해튼처럼 용적률이 1500~3000%로 상향된다면 얘기가 달라진다. 사업성을 확보하게 되면 투자자와 돈이 몰려들 수 있다. 종로에 강남 테헤란로의 고층 건물보다 두 배 높이의 건물이 들어선다고 상상해 보자. 용산을 포함해 종로, 을지로 등 지하철 1·2·4호선이 지나는 핵심 지역 전체가 바뀔 수 있는 거대한 밑그림이다.

실제로 한두 해 전부터 투자자 사이에서 종로를 비롯한 강북 구도심이 관심 지역으로 떠오르기 시작했다. 개발은 구체적으로 삽을 떠야만 땅값이 오르는 게 아니다. 용적률을 1500%로 올려준다는 정책 발표 하나만으로 땅값이 두 배 이상 오를 수 있다. 만약 이런 부분을 염두에 둔다면 종로 인근은 짧은 기간 안에 많은 수익을 거둘 수 있는 최고의 건물 투자처로 올라선다.

짧고 굵은 투자로 시세차익을 노린다

강북 중심지에서 지하철 1호선과 2호선 라인은 상권 자체가 아예 다르다. 1호선이 지나는 종로의 메인 도로변에는 건물 투자처가 아직 남아 있다. 반면 2호선이 지나는 을지로는 일반 투자자가 접근하기는 현실적으로 매우 어렵다. 대부분 초고층 대형 오피스 건물인 데다 주변의 중소형 건물도 개인이 들어가기에는 규모가 너무 크다. 주 5일 상권이라 건물 투자 매력도도 떨어진다. 종로는 1호선 라인 위주의 100억~200억원대 건물이 투자 대상이다.

명동은 몇 년 전부터 중국인 관광객이 빠지면서 상권이 힘을 잃은 형국이다. 임대 수익률이 거의 나오지 않아 슬럼화되었고, 가격도 많이 떨어졌다. 상권이 약하니 다른 지역이 오를 때에도 따라가지 못했다. 하지만 확 꺾였던 명동 상권이 최근 관광객 증가로 회복 기미를 보이고 있다. 명동 건물은 지금이 가장 싼 시기이며, 상대적으로 자금력을 갖춘 투자자에게는 투자 적기다.

건물에 투자할 때에는 공시지가 구조를 이해해야 한다. 명동처럼 역사가 오래된 전통 상권은 공시지가가 높다. 강남구 압구정동이 강남의 다른 요지에 비해 공시지가가 높은 것과 비슷하다. 현재 명동의 공시지가는 평당 1억원대로, 건물 매매 가격과 큰 차이가 없다. 공시지가와 매매 가격이 비슷하다는 것은 향후 오를 가능성이 높다는 의미다.

실제로 강남의 신흥 인기 투자 지역은 건물 가격이 공시지가 대비 2~3배 높다. 이와 비교하면 명동은 현재 약 1.5배 수준이다. 을지로, 종로 등과 함께 명동 땅값이 상대적으로 저렴해졌기 때문에 자본력이 있다면 지금 관심을 가져야 한다. 이곳 역시 임대 수익률을 보고 투자하는 곳이 아니다. 지금 투자해 보유하고 있으면 머지않아 많은 시세차익을 거둘 수 있다는 것이 투자 포인트다. 상권이 좋고 나쁜지, 건물 컨디션이 어떤지를 따지고 들어가는 상황이 아니라는 것이다. 단기간에 짧고 굵게 투자 수익을 거둘 수 있는 곳이 현재 명동과 그 인근 지역이라는 것을 염두에 두자.

회현역과 명동역 사이 뒤쪽은 흔히 명동거리로 불리며 오랫동안 명성을 유지해 온 상권이다. 코로나19로 임대 수익률이 바닥을 치면서 최악의 상황을 맞았지만 지금 조금씩 회복되고 있다. 이제부터는 자금력이 있다면 본격적으로 투자할 단계로, 투자 대상 물건들이 조금씩 등장하고 있어 매매 가능성을 타진해 볼 수도 있다. 회현역 뒤쪽의 남대문시장과 먹자골목도 좋은 투자처다. 갈치조림 골목 등이 유명한데, 구분 상가보다는 작은 건물들이 더 유망하다. 낡고 오래된 소규모 건물일수록 개발 가능성이 높다.

명동을 비롯해 종로와 광화문 일대는 힘든 보릿고개를 넘긴 후 개발 기대감으로 조금씩 화색이 돌고 있다. 호재가 계속 등장할 것으로 기대되면서 지금 투자한다면 시세차익을 거둘 수 있는 주요 지역 중 하나다.

핵심 블록 탐구 02

주변 흡수하는 거점지로 떠오른 은평구
GTX-A 개통 눈앞에 둔 불광역~연신내역

불광역과 연신내역은 인근 상암지구를 비롯해 고양창릉공공주택지구, 덕은지구까지 흡수할 수 있는 입지다. 상암동은 주요 미디어 회사뿐 아니라 IT 관련 개발 회사, 벤처 회사가 몰려 있다. 고양창릉공공주택지구 같은 신도시는 주거지와 함께 업무 시설이 들어오는데, 이들 지역을 배후로 거느리며 중심 상업지로 도약할 수 있는 곳이 바로 불광역과 연신내역 블록이다.

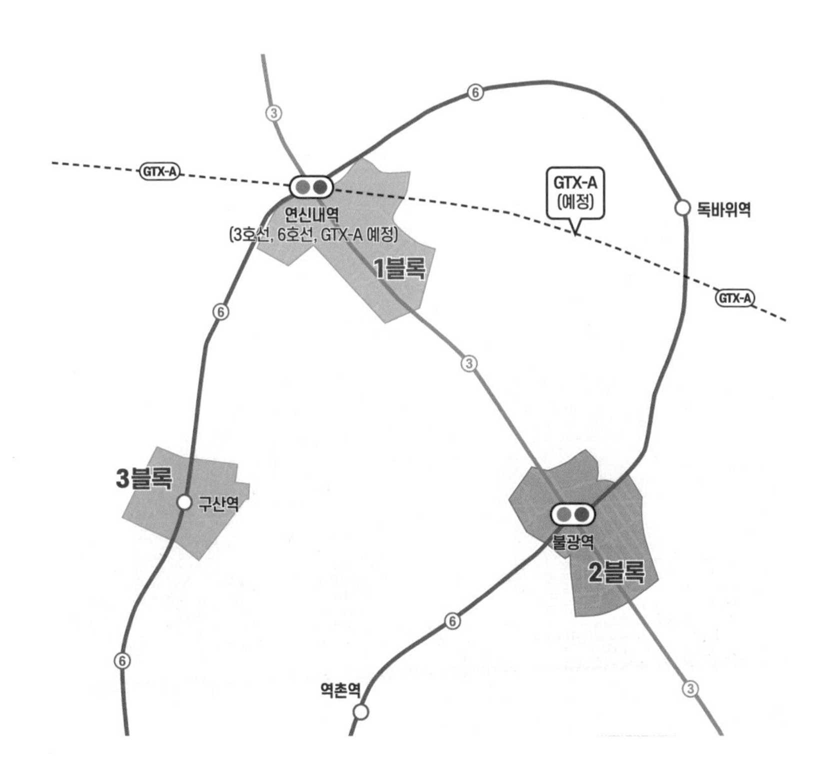

은평구는 오래전부터 상권이 좋기로 유명했다. 인구 밀집도가 워낙 높기 때문이다. 과거에는 소득 수준이 높지 않았으나 최근 재개발 아파트가 늘어나면서 소비 수준도 조금씩 올라가고 있다. 은평구는 송파구 삼전동이나 관악구 신림동과 비슷하게 빌라 밀집촌이 많다. 빌라가 많으면 좁은 면적에 많은 사람이 살 수 있어 상권 활성화에 도움을 준다. 연령대가 높은 거주민이 많이 산다는 것도 은평구의 특징이다.

핵심 상권은 연신내역, 불광역, 역촌역, 구산역 등 네 점으로 둘러싸인 블록이다. 응암역 주변은 출퇴근하기에는 좋지만 근생 상권과 연결되지 않아 건물 투자처로는 적당하지 않다. 건물 투자는 연신내역과 불광역 블록으로 가야 한다.

연신내역은 GTX-A 개통으로 시끌벅적하다. 이곳이 최대 수혜

연신내 상업지 대로변 건물과 로데오거리 입구

지가 될지는 알 수 없지만 땅값에 반영되는 건 분명하다. GTX-A뿐 아니라 지하철 3호선과 6호선이 지나는 트리플 역세권이라는 것도 장점이다. 연신내역 인근으로 재개발과 재건축이 많이 이뤄지는 것은 이런 기대감이 반영된 결과다.

은평구는 여러모로 신림동과 비슷한 분위기를 풍기지만 단위면적당 인구 밀집도는 더 높아 상권이 탄탄할 수밖에 없다. 불광역과 연신내역은 밤낮없이 항시 사람들로 북적인다. 전통시장이 많고 물가가 싼 편이라 주변 지역민까지 흡수하기 때문이다. 전통시장 상권이 결합된 복잡한 상권이 형성되어 있고, 유동 인구가 많아 땅값도 비싸다. 불광역을 비롯해 연신내역, 구산역, 역촌역 블록은 평당 4000만원에서 시작하는 곳이었으나 몇 년 만에 땅값이 폭등해 지금은 평당 1억 5000만원을 호가한다. 땅값이 너무 저렴하면 오를 때 더 빨리 오르는 경향이 있다. 불광역 주변은 빠른 시간 안에 너무 많이 올라 잠시 쉬어가도 될 정도다.

독바위역 쪽으로는 소형 투자 물건이 있으나 워낙 노후한 지역이라 대부분 재정비촉진지구로 지정되어 있다. 특히 모아주택지구로 지정된 곳이 많아 건물 투자에 유리하다고 볼 수 없다.

불광역과 연신내역의 뛰어난 확장성

불광역과 연신내역이 특히 인기가 높은 것은 확장성 때문이다. 인근 상암지구를 비롯해 고양창릉공공주택지구, 덕은지구까지 흡수할 수 있는 입지다. 상암동은 주요 미디어 회사뿐 아니라 IT 관련

연신내역 1번 출구 앞 대로변

개발 회사, 벤처 회사가 몰려 있다. 상권은 주변 지역으로 계속 확장되고 있으며, 인구도 늘고 있다. 상암지구에서 가까운 덕은지구와 고양창릉지구도 은평구의 확장성에 중요한 기능을 담당한다. 고양창릉지구는 교통이 편리한 것은 물론 서울과 붙어 있어 3기 신도시 가운데 성장 가능성이 가장 높은 곳으로 꼽힌다. 과거 신도시가 베드타운으로 기능했다면 지금 만들어지는 신도시는 주거지뿐 아니라 업무 시설이 함께 들어오면서 자족도시의 면모를 갖출 예정이다. 주거와 일터가 결합된 주변 배후 지역을 거느리며 중심 상업지로 도약할 수 있는 곳이 은평구다.

경제활동을 하는 사람들 특성상 멀리 가지 않으려는 속성이 있다. 수색역이나 디지털미디어시티역 지역은 지상철과 철도 기지가 있어 접근성이 떨어지고, 신촌이나 홍대까지 나가기는 부담스러우니 심리적으로 연결성이 좋은 불광역이나 연신내역으로 움직일 가능성이 높다. 상암동은 오피스 상권이기는 하지만 퇴근 이후나 주말에는 분위기가 썰렁해진다. 늦게까지 먹고 마시고 즐길 수 있는 업장이 많지 않다 보니 불광역과 연신내역 인근으로 옮겨가는 이도 많다. 여러모로 은평구 상권이 계속 커질 수밖에 없는 이유다. 이는 강동구 천호동과 비슷한 상황으로, 은평구가 주변 지역을 흡수하는 거점 지역으로 발전할 가능성이 커 보인다.

GTX-A는 운정~서울역까지 조기 개통할 예정이며, 향후 삼성역을 지나 수서, 성남, 동탄까지 연결된다. 은평구는 강북 서북부 지역의 핵심 거점 지역이며, 특히 불광역과 연신내역 블록은 GTX-A 개통과 더불어 계속 성장할 곳이다.

TIP

GTX는 서민의 교통수단이 될 수 있을까?

GTX가 들어온다고 하면 무조건 반기는데, 꼭 그렇지만은 않다. GTX는 지하철과 달리 철도다. 현재 거론되는 것처럼 왕복 1만원 수준으로 요금이 책정되면 교통비 부담이 상당히 높다. 환승 등 갈아타는 상황까지 고려하면 하루 1만 5000원도 들 수 있다. GTX 이용 출퇴근 비용이 지하철에 비해 서너 배 높다면 GTX의 경쟁력은 떨어진다. 심지어 연신내역 GTX는 환승역이다. 같은 서울권이라 지하철과 버스라는 강력한 경쟁자를 두고 있다. 시간에 구애받지 않는 사람이라면 버스나 지하철을 이용할 확률이 높다. GTX를 이용할 필요가 없는 사람도 많다는 것을 생각하면, 서울권 GTX 역을 바라보는 지금의 가치 평가는 다소 거품이 끼었다고 볼 수 있다.

핵심 블록 탐구 03

스펀치처럼 주변 인구를 빨아들이다

상호 연계 효과 기대되는 동묘앞역~신설동역

동묘앞역부터 신설동역까지는 꼬마 건물 투자하기에 좋은 입지다. 동묘앞역 인근으로 상업지가 넓게 분포되어 있으며, 동대문 풍물시장과 벼룩시장 등 전통시장 상권에 더해 재개발로 인한 신흥 주거지를 배후로 두고 있어 계속해서 인구가 유입되는 상황이기 때문이다. 신설동역과도 붙어 있어 상호 간 연계 효과도 기대할 만하다.

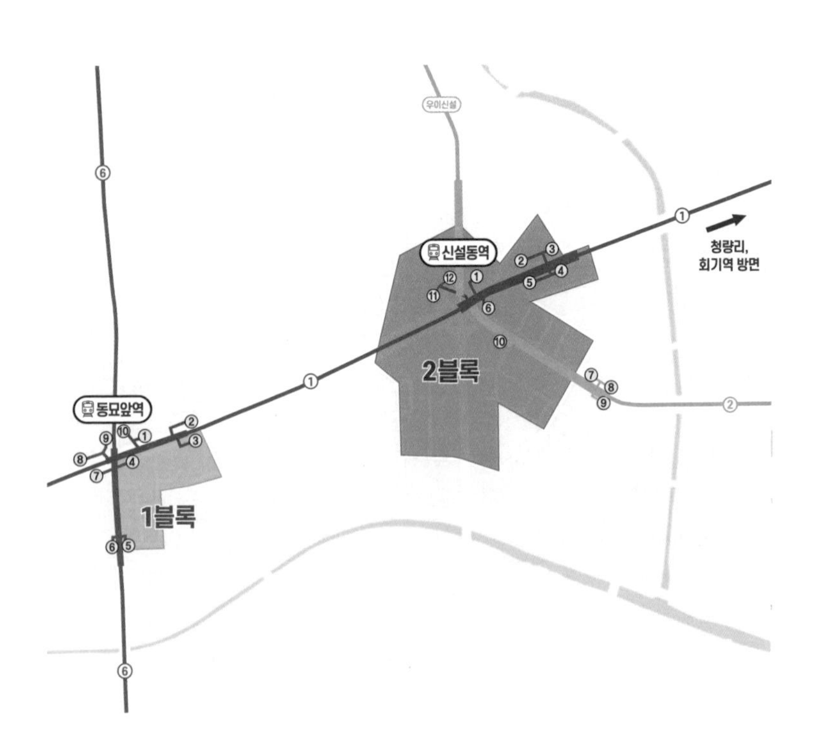

동묘앞역 인근 풍물시장

동대문구는 과거 신설동역이 주목받았으나 지금은 동묘앞역 인근으로 관심이 옮겨오는 추세다. 동대문역 인근도 한때 역사문화공원과 동대문디자인플라자, 밀리오레 등 화려한 쇼핑가를 자랑했으나 중국 관광객이 사라지면서 상권이 많이 위축되어 트렌드에 맞는 변화가 필요해 보인다. 한때 제기동역과 청량리역도 주목받았으나, 제기동역은 정릉천을 끼고 있는 데다 고가도로까지 있어 상권이 끊긴다. 서울약령시장이 있어 기대감을 높일 수는 있으나 지형적으로나 환경적으로 불리한 면이 많아 건물 투자하기에 힘든 입지다.

동묘앞역부터 신설동역까지는 꼬마 건물 투자하기에 유리하다. 동묘앞역 인근에 상업지가 넓게 분포되어 있으며, 인구밀도도 높다. 특히 동대문 풍물시장과 벼룩시장이 있어 365일 사람들로 붐비며, 연령대가 높은 사람이 많아 '노인정 상권'으로 불린다. 풍물시장과 벼룩시장 등 전통시장 상권에 더해 재개발로 인한 신흥 주거지를 배후로 두고 있다. 계속해서 외부 인구가 들어오는 상황이므로 상권 활성화에 큰 도움이 된다. 신설동역과도 붙어 있어 그 연계효과도 기대된다.

신설동역은 학원가로 유명하다. 스튜어디스나 간호조무사 등과 관련한 직업전문학원, 대학 편입을 위한 편입전문학원 등 성인을 위한 학원이 많다. 노량진은 공시생, 신림동은 고시생, 대치동은 대학입시생 등 각 학원가마다 특징이 있는데, 신설동은 강북 구도심 특성상 생계와 밀접한 학원이 주를 이룬다. 동묘앞역은 지하철 1호선과 6호선이 만나는 더블 역세권, 신설동역은 지하철 1·2호선, 우이신설경전철이 있는 트리플 역세권으로 입지와 교통 등 호조건을

신설동 학원가 모습

모두 가지고 있다. 인근 지역과 비교해 개발할 땅이 상대적으로 많고 재개발이 활성화되어 있다는 것도 동묘앞역 블록의 장점이다.

4개 철도노선이 지나가는 청량리역, 과연?

청량리역은 개발이 거의 끝나가고 있다. 지하철 1호선, 경의중앙선, 경춘선, 수인분당선 등 4개 철도노선이 지나는 교통 요지이며, 주변은 아파트 단지 등 대부분 주거지다. 롯데백화점과 주상복합건물 등도 많아 살기에는 좋지만 건물 투자 면에서 그리 매력적인 곳은 아니다. 4개 철도노선이 지난다고는 해도 청량리역은 기본적으로 환승역이다. 상권이 활성화되려면 사람들이 내려 역 밖으로 빠져나와 소비활동을 해야 하는데, 청량리역은 그런 역이 아니다. 청량리 경동시장이 활성화되기를 기대하지만 생각보다 상권이 강하지 않다. 왕십리역도 이와 비슷하다. 청량리역은 상권의 활성화나 확장을 기대하기보다 안정적 주거 투자처로 바라봐야 한다. 재개발이 진행되면서 대부분 주거지로 바뀌어 건물 투자보다는 아파트 투자가 유리하다.

이에 비해 신설동역과 동묘앞역은 일반 근생 상권이 힘을 발휘하는 곳이다. 주거지도 있지만 대부분 상업용지가 발달했으며, 상권이 뒤섞이며 복합 효과를 내고 있다.

동대문구에서 요즘 투자 대상 물건이 많이 나오는 지역 중 하나가 회기역 블록이다. 주변에 한국외국어대학교, 경희대학교, 서울시립대학교, 서울여자대학교, 서울과학기술대학교 등 학교가 많다.

광운대역 근처는 역세권 개발 사업 이슈도 있다.

태릉역과 석계역 주변은 학교가 많아 학세권 상권을 기대하지만 학생들은 근처보다는 다른 곳으로 이동해 소비활동을 벌인다. 인근 지하철역은 셔틀 역할 정도에 그친다. 일반 근생 상권보다는 주거지 특징이 강하며, 주거 단지를 배후로 둔 항아리 상권 정도를 기대할 수 있다. 외부인이 들어가 특별한 무언가를 만들어내기 쉽지 않은 만큼 건물 투자하기에는 다소 부담스러운 지역이다.

TIP

광운대역 역세권 개발 사업 조감도

출처 서울시

본격 시동 건 광운대역 역세권 개발 사업

광운대역 역세권 개발 사업은 서울 동북권 일대에서 가장 큰 개발 사업 중 하나였다. 이곳은 1970년대 물류 거점 지역으로 육성돼 시멘트 저장 시설, 물류센터, 자동차 출고장 등으로 이용되어 왔다. 세월이 흐르면서 시설 노후화, 먼지 발생 등의 문제로 2009년 서울시에서 재개발을 추진하기 시작했고, 사업 시작 14년 만인 2023년 본격 개발이 이뤄지게 됐다.

서울시 계획안에 따르면 향후 이 일대는 일반상업지역과 준주거지역, 3종일반주거지역 등 다양한 용도로 꾸려진다. 상업용지에는 최고 49층 높이의 초고층 건물이 들어서고, 공동주택과 오피스텔 약 4000가구가 공급될 예정이다. 사업이 완료되면 광운대역 인근은 호텔, 쇼핑, 주거, 업무 공간이 어우러진 첨단 복합도시로 탈바꿈하게 된다.

핵심 블록 탐구 04

남양주 일대 신도시 인구 유입 기대

누가 일등? 노원역~창동역~쌍문역

쌍문역, 창동역, 노원역 인근은 개발 핵심 블록으로 하나의 축을 만들고 있다. 이곳은 남양주 일대 신도시에서 인구가 유입되면서 중심 상권을 만들어낼 곳으로 꼽히는데, 각 지역마다 특징이 조금씩 다르다. 학원가가 발달한 노원역, 그 영향력에 기대어 가는 창동역, 10여 개의 초중고교가 밀집해 있는 쌍문역 인근 중 1위 투자처는 쌍문역이다.

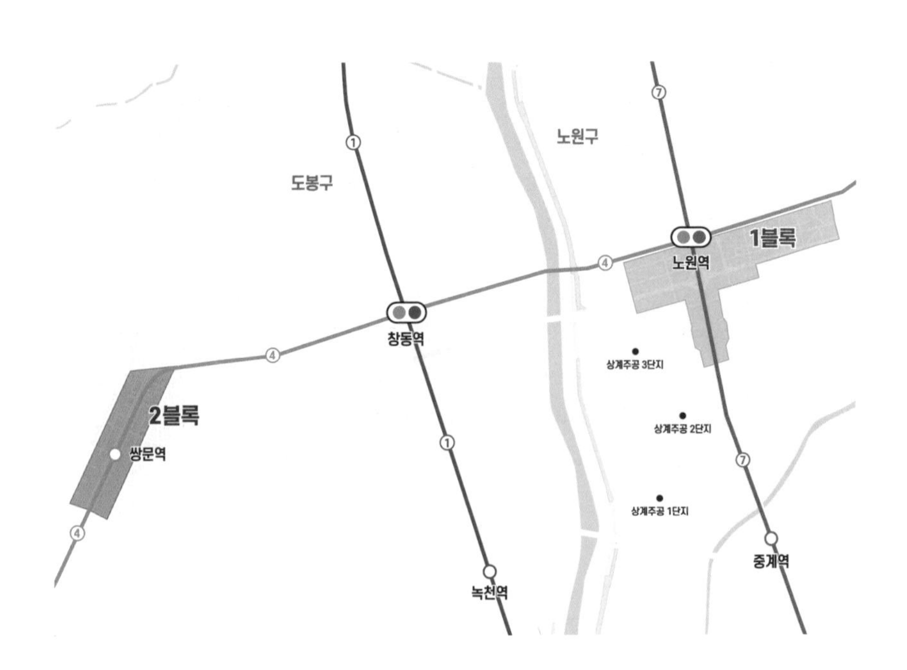

노원구는 '노도강'으로 불리는 강북 핵심 주거지 중 한곳이다. 서울시 지도에서 맨 위쪽에 자리하고 있으며, 오랫동안 낙후되었던 곳으로 지역 소득 수준은 높지 않다. 노원구의 노원역 인근을 비롯해 도봉구의 쌍문역, 창동역은 개발 핵심 블록으로 하나의 축을 만들고 있다. 특히 창동역 주변은 철도 정비창 복합개발로 큰 화제를 모았다. 이곳은 3기 신도시인 남양주 왕숙을 비롯해 별내, 진접 등지에서 인구가 유입될 수 있다. 쌍문역, 창동역, 노원역이 외부에서 유입되는 인구를 받아주며 중심 상권을 만들어낼 곳으로 꼽히는데, 각 지역마다 특징이 조금씩 다르다.

노원역은 학원가가 발달한 중계동과 하계동의 중심지 역할을 한다. 상계주공3단지아파트를 시작으로 1·2단지와 5·6단지 등 주변에 대규모 주거 단지를 배후 지역으로 두고 있어 사실상 노원구 상권의 핵심지다. 인기 투자 지역이 되면서 건물값도 많이 올랐다. 평당 1억원 선을 호가한다. 단기간에 거의 두 배가 올랐으며, 지금 들어가면 당분간 시세차익을 거두기 쉽지 않아 보인다.

노원역의 영향력에 기대어 가는 곳이 창동 역세권이다. 인근 도봉운전면허시험장과 창동차량기지 등이 개발되면서 땅값 상승의 수혜를 입었다. 창동역은 주거지 중심이기 때문에 아파트 투자는 매력 있지만 건물 투자는 추천하지 않는다. 창동 역세권 개발로 대형 쇼핑 타운이 들어올 가능성이 높은데, 이렇게 되면 주변의 근생 상권이 타격을 받을 확률이 높다.

우여곡절 끝에 공사 재개된 창동민자역사 개발 사업

12년간 공사가 중단되었던 창동민자역사 공사가 2022년 재개되면서 시장의 관심이 조금씩 높아지고 있다. 2025년 완공을 목표로 현재 공사가 한창이며, 완공되면 창동아레나, GTX-C 노선 등 개발 호재와 맞물리면서 서울 북부 지역의 랜드마크로 자리 잡을 수 있다. 민자역사에는 복합쇼핑몰, 환승센터, 역무 시설 외에도 다양한 문화 시설과 편의 시설을 조성해 지역민들의 편의성을 높인다는 계획이다.

창동민자역사 복합 개발 조감도

출처 도봉구

노원역 대신 쌍문역

쌍문역 인근은 인구밀도가 엄청나게 높은 곳으로 유명하다. 거의 신도림역과 맞먹을 정도로 유동 인구가 많다. 쌍문역 주변으로 초등학교, 중학교, 고등학교 등 10여 개 학교가 밀집해 있는데, 좁은 면적에 학교가 많다는 것은 그만큼 사람이 많이 산다는 뜻이다. 서울에서 단위면적당 학교가 가장 많은 지역이며, 이는 상권 형성에도 큰 도움을 준다.

가장 매력적인 건 재개발 이슈다. 창동주공아파트를 비롯해 빌라촌 대부분이 공공재개발(도심공공주택 복합사업) 택지로 지정되면서 신흥 주거지로 탈바꿈할 예정이다. 현재 중계역 주변으로 학원가가 발달해 있는데, 이 분위기를 쌍문역이 이어갈 수 있다. 중계역은 상업지가 없지만 쌍문역 앞은 전부 상업지다. 대로를 따라 양쪽으로 학원가가 형성될 수 있는 좋은 조건을 지녔다.

노원역도 상권이 좋지만 건물 투자처로는 쌍문역이 더 낫다. 재개발 이슈가 있는 데다 상권까지 확장되면 지가가 상승할 수 있다. 지하철 별내선이 개통하면 남양주와 별내, 진접에서 들어오는 소비 인구도 더해질 수 있다. 지도에서는 멀어 보이지만 실제로 가보면 두 지역은 훨씬 가깝다. 무엇보다 노원역에 비해 땅값이 낮다. 쌍문역 대로변은 평당 7000만~8000만원 선으로, 건물 투자하기에 매력적이다.

Point of View.

상권의
흥망성쇠

장사는 잘되는 집이 계속 잘되는 속성이 있다. 맛있다고 소문난 음식점에는 항상 사람이 몰린다. 이런 곳은 재료가 빨리 소진되어 신선한 재료로 만든 음식을 손님에게 공급할 수 있다. 신선한 재료는 맛있는 음식을 만들기 위한 첫 번째 조건인데, 이 조건이 충족되니 사람들이 몰려드는 선순환 구조가 마련된다.

상점도 마찬가지다. 사람이 많이 몰려 제품이 잘 팔리면 납품하는 곳에서도 더 좋은 물건, 새 물건을 가져다준다. 장사가 잘되는 곳은 시장 반응을 테스트하기에도 좋고 물건 대금을 회수하기도 쉽다. 소비자는 신제품이 많이 갖춰진 매장을 선호한다. 첨단 유행 제품을 사고 싶은 것은 돈 쓰는 사람의 본능이기 때문이다.

상권은 이런 구조 속에서 탄생한다. 사람이 많이 몰려 상품 회전이 빠르고 매출이 높은 곳이 인기 상권으로 등극한다. 우리가 흔히 알고 있는 홍대, 명동은 한때 외국인 관광객이 몰려들면서 최고의 상권으로 명성을 떨쳤다. 관광객 증가는 내국인의 증가로도 이어지는데, 이는 상품과 서비스의 선순환 구조가 마련되면서 '그곳에 가면 최신 트렌드와 유행을 만날 수 있다'는 소비자의 기대감을 충족시킨다.

하지만 상권은 움직인다. 최고 상권의 영예를 누리던 명동은 관광객이 급감하면서 제품과 서비스의 선순환 구조를 유지하지 못해 쇠락했다. 물건이 팔리지 않으니 재고가 쌓이고, 재고가 쌓이면서 사람들의 발걸음은 더욱 뜸해졌다. 트렌드와 화제성을 잃은 상권의 임대료와 땅값은 하락할 수밖에 없다. 한동안 명동은 땅값과 임대료가 제자리 수준이거나 내리막길을 걸어 투자자의 마음을 아프게 했다.

다행인 점은 상권이 조금씩 회복되는 조짐이 보인다는 것이다. 관광객도 다시 들어오고 있고, 코로나19도 진정되고 있다. 무엇보다 강북 구도심을 재편하려는 정부 주도의 개발 이슈가 계속 등장하는 중이다. 살아 움직이는 상권 특성상 명동을 비롯한 구도심이 다시 기지개를 켤 날이 머지않았다. 강북 구도심의 투자 최적기는 바로 지금이다!

Point Map.

건물 투자 최고 입지는 여기! '빌딩의 신' 추천 투자 구역 51

이 책에 실린 유망 투자 지역 중에서도 미래 가치와 개발 가능성 등을 면밀히 분석해 뽑은 최고의 투자 지역은? 입지 전문가 빌딩의 신의 비밀노트를 공개한다.

천호로데오거리

→ p.040

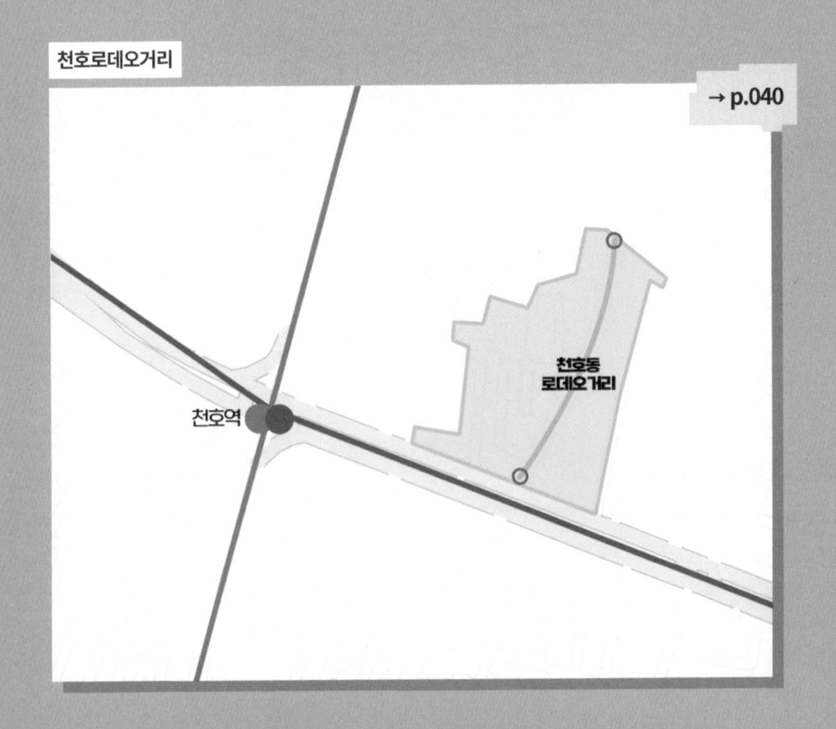

천호역 & 암사역

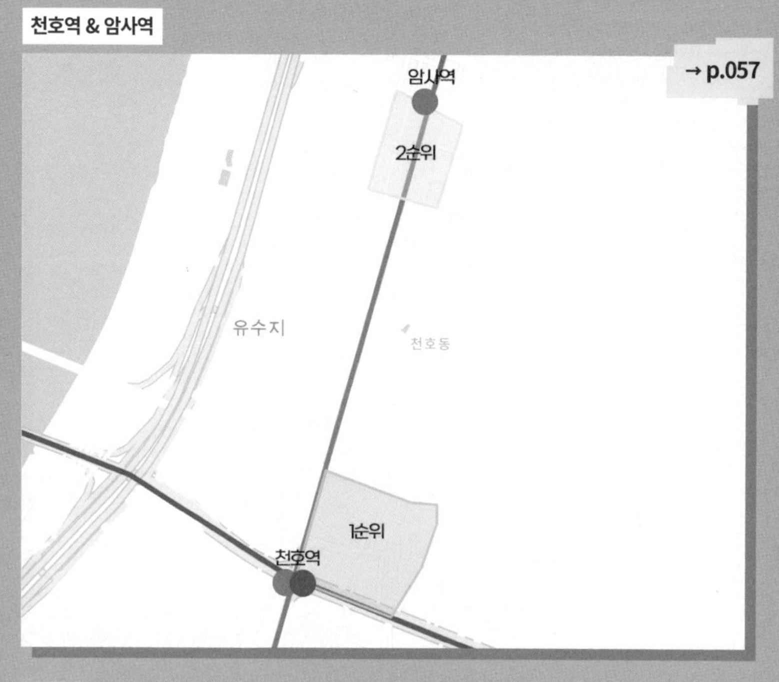
→ p.057
암사역
2순위
유수지
천호동
1순위
천호역

신사역

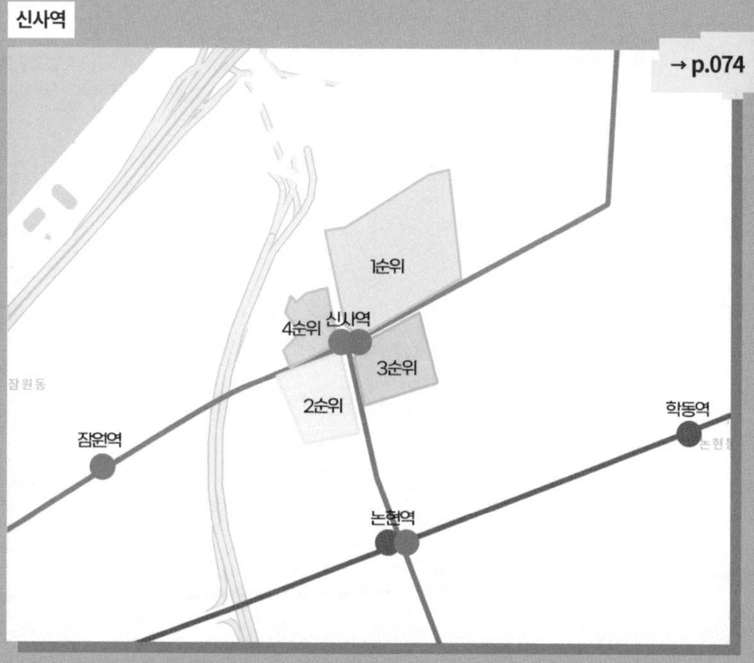
→ p.074
1순위
4순위
신사역
3순위
2순위
잠원동
잠원역
학동역
논현역

논현역 & 신논현역

→ p.084, p.136

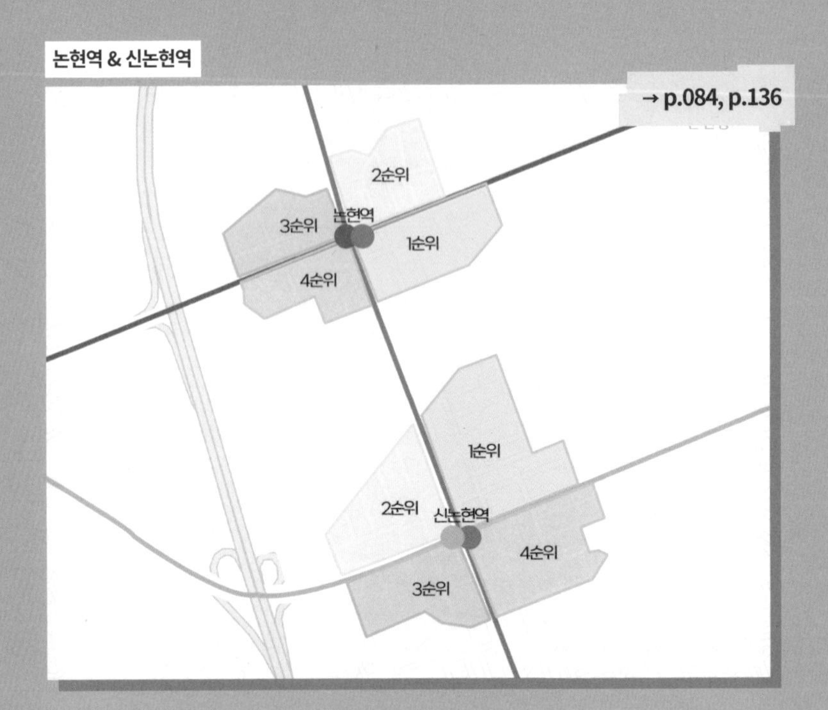

봉은사역

→ p.093

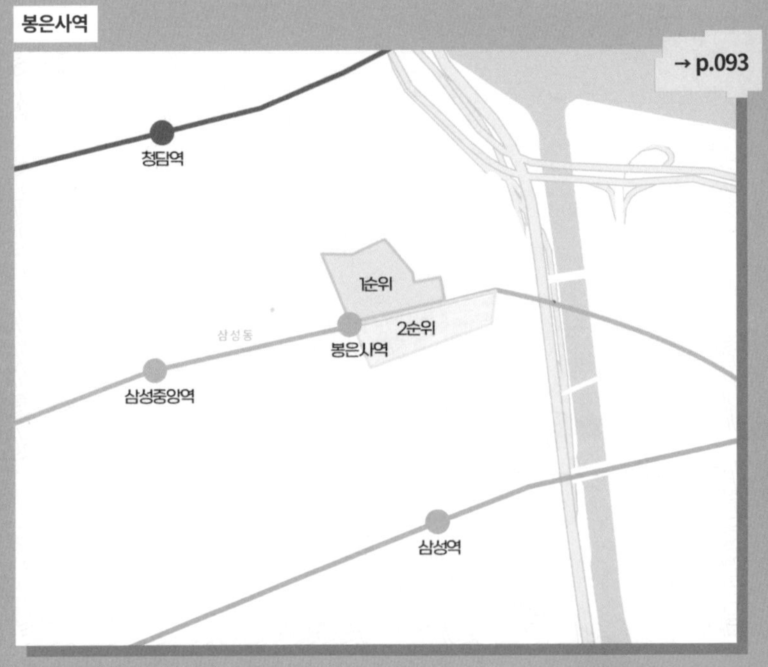

Point Map.

이태원

→ p.163

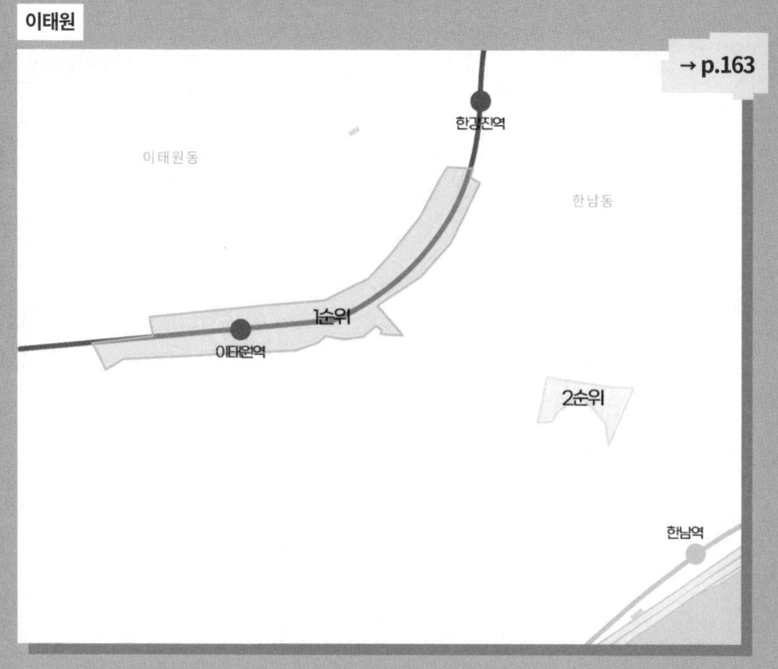

용산

→ p.170

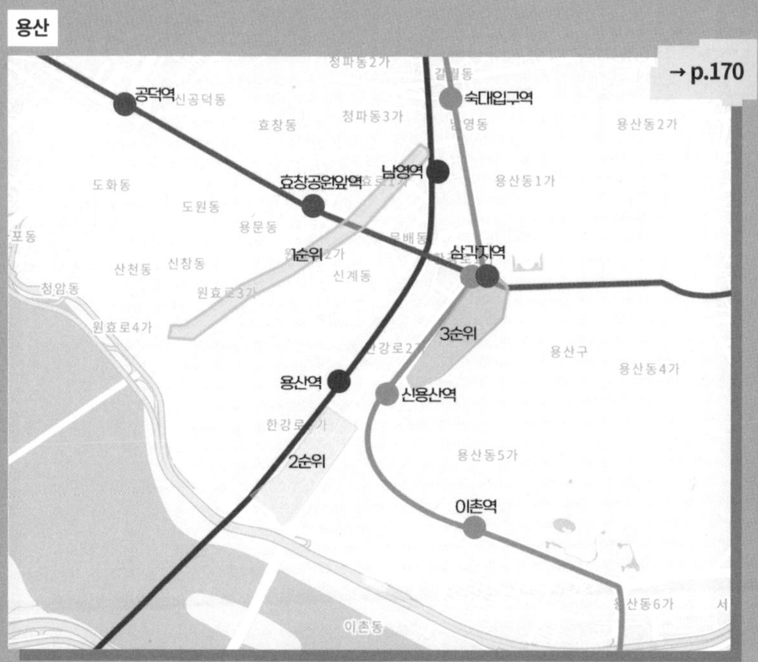

합정역

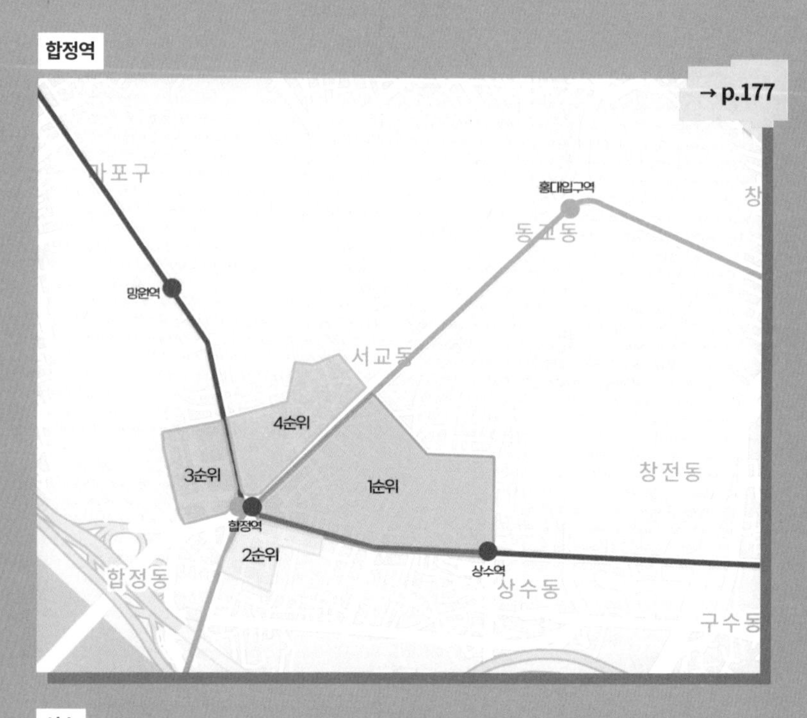
→ p.177
마포구
홍대입구역
동교동
망원역
서교동
4순위
3순위
1순위
창전동
합정역
2순위
상수역
합정동
상수동
구수동

성수

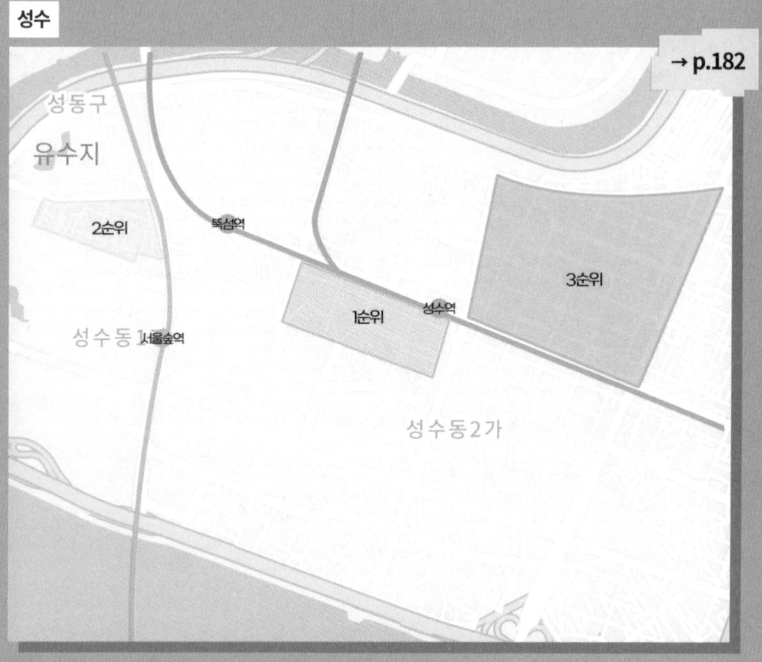
→ p.182
성동구
유수지
2순위
뚝섬역
3순위
1순위
성수역
성수동1
서울숲역
성수동2가

교대역 & 서초역

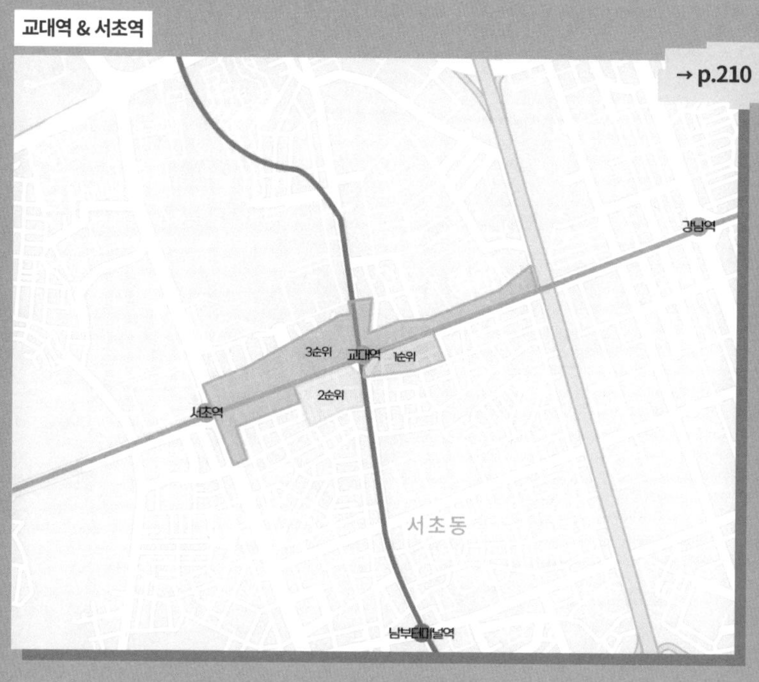
→ p.210
강남역
3순위
교대역
1순위
2순위
서초역
서초동
남부터미널역

이수역

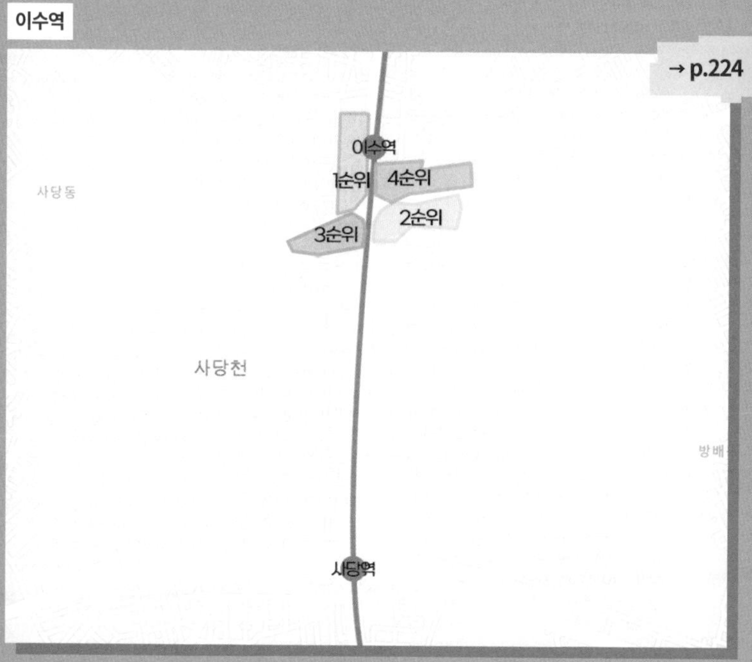
→ p.224
이수역
1순위
4순위
2순위
3순위
사당동
사당천
방배
사당역

노량진역 & 신대방삼거리역 & 보라매역

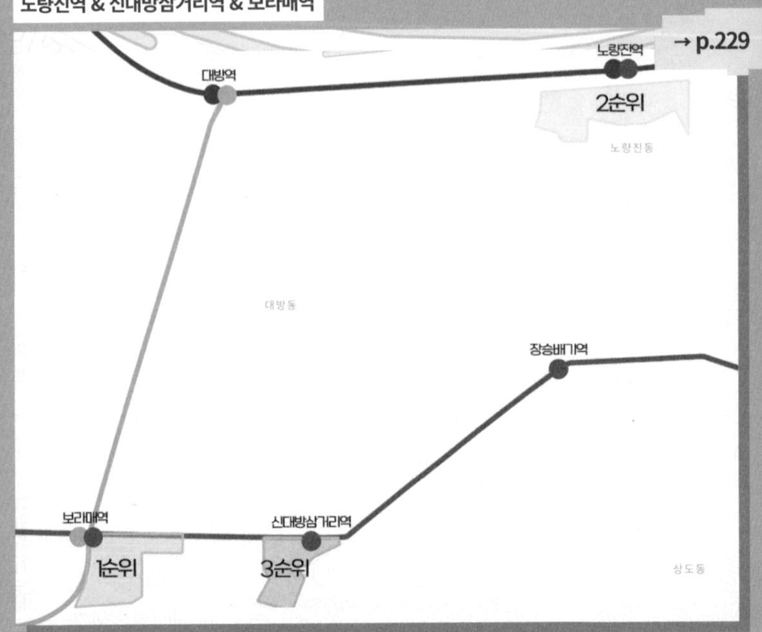

신림역 & 서울대입구역

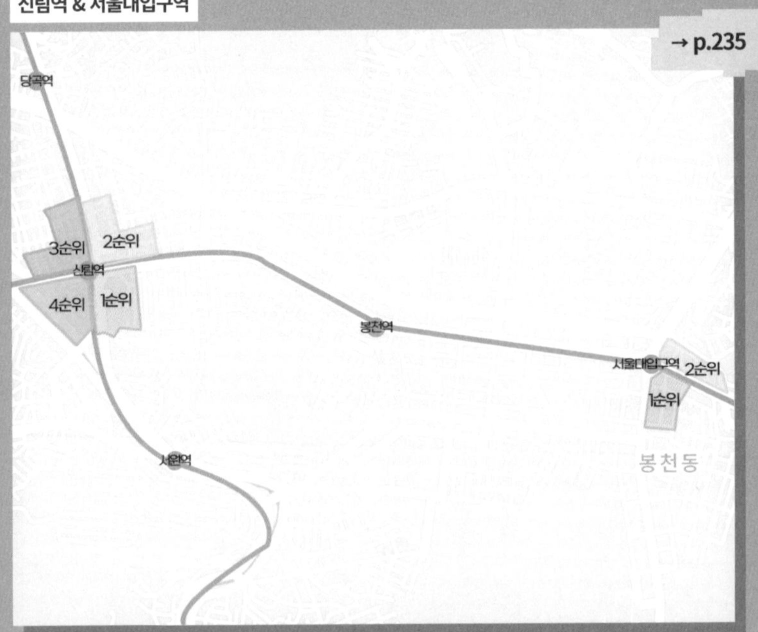

영등포

→ p.240

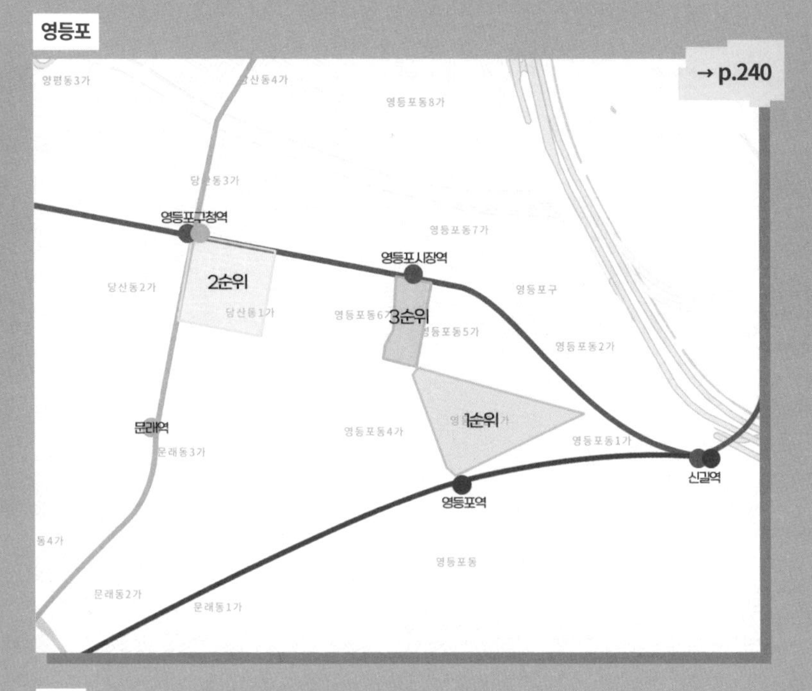

종로

→ p.254

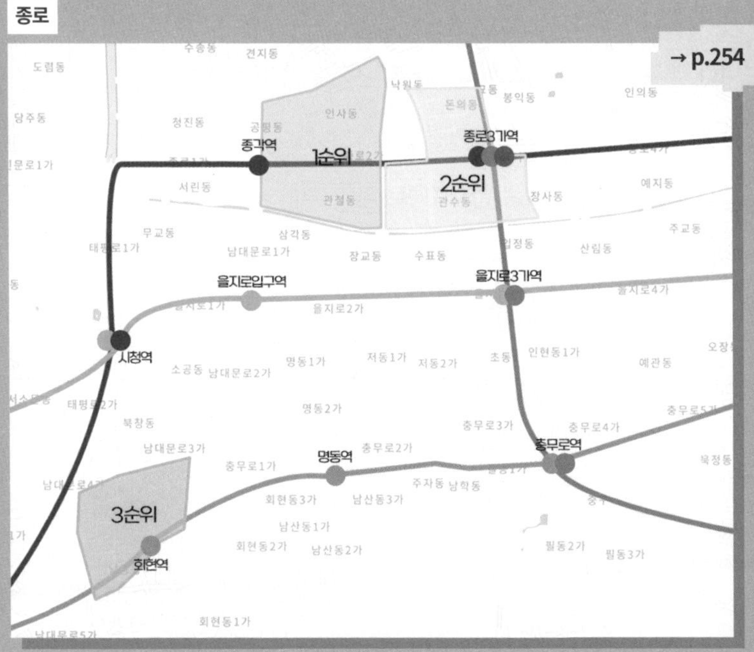

Epilogue.

아는 만큼 보이고,
보이는 만큼 빠져들게 되는
건물 투자 시장

부동산업계에서 일하면 긴장의 끈을 늦출 수가 없습니다. 시장 변화가 무척 빠른 데다 정책도 계속 바뀌기 때문에 늘 촉각을 곤두세우고 내용을 분석해야 합니다. 1년 365일 24시간 매달려도 부족하게 여겨질 뿐입니다. 부동산이 정식 학문으로 인정받는 것은 아니지만, 저에게는 그 어떤 학문보다 더 심오하고 어렵습니다. 부동산 전문가라면 건물 거래와 관련한 기본 업무 외에도 세무와 회계, 금융과 재건축, 고객 마케팅과 리스크 관리, 임차인 관리와 리테일까지 꿰고 있어야 합니다. 건축물의 이해, 상권의 이해, 건물 유지와 관련한 제반 사항, 부동산법과 제도 등도 공부해야 합니다. 고객에게 관련 정보를 알려드리고 조언도 해주어야 하니 무엇 하나 허투루 할 수 없습니다.

투자자도 공부해야 합니다. '100억원에 건물을 사서 150억원에 팔아 50억원을 남기겠다'며 단순하게 목표를 설정해서는 곤란합니다. 매입부터 매각에 이르는 전 과정과 그 긴 시간 동안 벌어질 일들을 예측하고, 대비하고, 즐길 줄 아는 마음가짐이 필요합니다. 투자에서 최종 판단과 결정은 결국 투자자의 몫이기 때문입니다.

사회가 복잡해지고 고도화할수록 전문 지식이 필요합니다. 부모님 세대처럼 건물 한 동 사서 어렵지 않게 부자 대열에 합류하던 시절은 지나갔습니다. 부동산 투자 시장은 과거보다 훨씬 복잡하고 정교해졌으며, 그에 대응할 수 있는 시간과 노력을 요구합니다. 이를 깨닫고 나면 아직 갈 길이 멀다는 것을 알게 될 것입니다. 시간이 걸리더라도 하나씩, 차근차근 쌓아갈 수밖에 없습니다. 제대로 알고 나면 예전에는 보이지 않던 것들이 보이고, 그러다 보면 시장을 이해하고 사랑할 수 있게 됩니다.

두 번째 책을 쓰면서 아쉬움이 없었다면 거짓말일 것입니다. 상권을 추천할 때 가장 먼저 "대로변으로 가라"고 하지만, 구체적으로 들어가면 설명할 것이 너무 많습니다. 상가 오른쪽과 왼쪽의 상권 특징이 다르고, 전철역에서 올라오는 길과 내려가는 길의 이용자 성격도 갈립니다. 아침저녁 이용객 특성도 달라지고, 그에 따라 업종도 맞춰야 합니다. 이런 자세한 상황까지 설명하면 듣는 분들은 귀찮아 하기도 하고, 더 깊이는 알고 싶어 하지 않는 경우도 많습니다. 매번 아쉬움이 남을 수밖에 없는 것이 책 쓰는 일인 듯합니다. 이 책을 내면서 느낀 아쉬움은 다음 책에 담아낼 예정입니다.

최근 부동산 시장은 전문가의 외피를 두른 사람들이 쏟아내는 정보의 홍수로 몹시 혼란스러운 상황입니다. 이럴수록 투자자 자신의 판단 능력을 길러야 합니다. 스스로를 믿고 용기 있게 행동으로 옮기는 분만이 부를 거머쥘 수 있습니다. 여러분의 판단과 행동에 도움이 될 수 있도록 저 역시 최선을 다하겠습니다.

혼자만 잘사는 세상이 아닌, 독자 여러분과 함께 성공하는 것이야말로 이 책을 쓴 제가 누릴 수 있는 최고의 기쁨일 것입니다.

끝까지 읽어주셔서 감사합니다.

2023년 4월

두 번째 책을 마치며 대치동에서 박준연 씀

건물 투자, 입지를 알아야
돈 이 보 인 다

퍼펙트 입지

초판 1쇄 2023년 4월 17일
2쇄 2023년 5월 15일

지은이 | 박준연

편집 | 박영숙, 김민선
디자인 | StudioPP
교정 | 박혜경
사진 | 김동오(Do Studio)
지도 | 이성미(@illusclay), 정인부동산그룹(주)

펴낸 곳 | 인사이드북스
문의 | insidebooks@naver.com
070-8776-0012
출판등록 | 제409-251002018000106호

ISBN | 979-11-977214-2-7(03320)
책값 | 19,200원